# BORDEAUX

## SOUS LA FRONDE

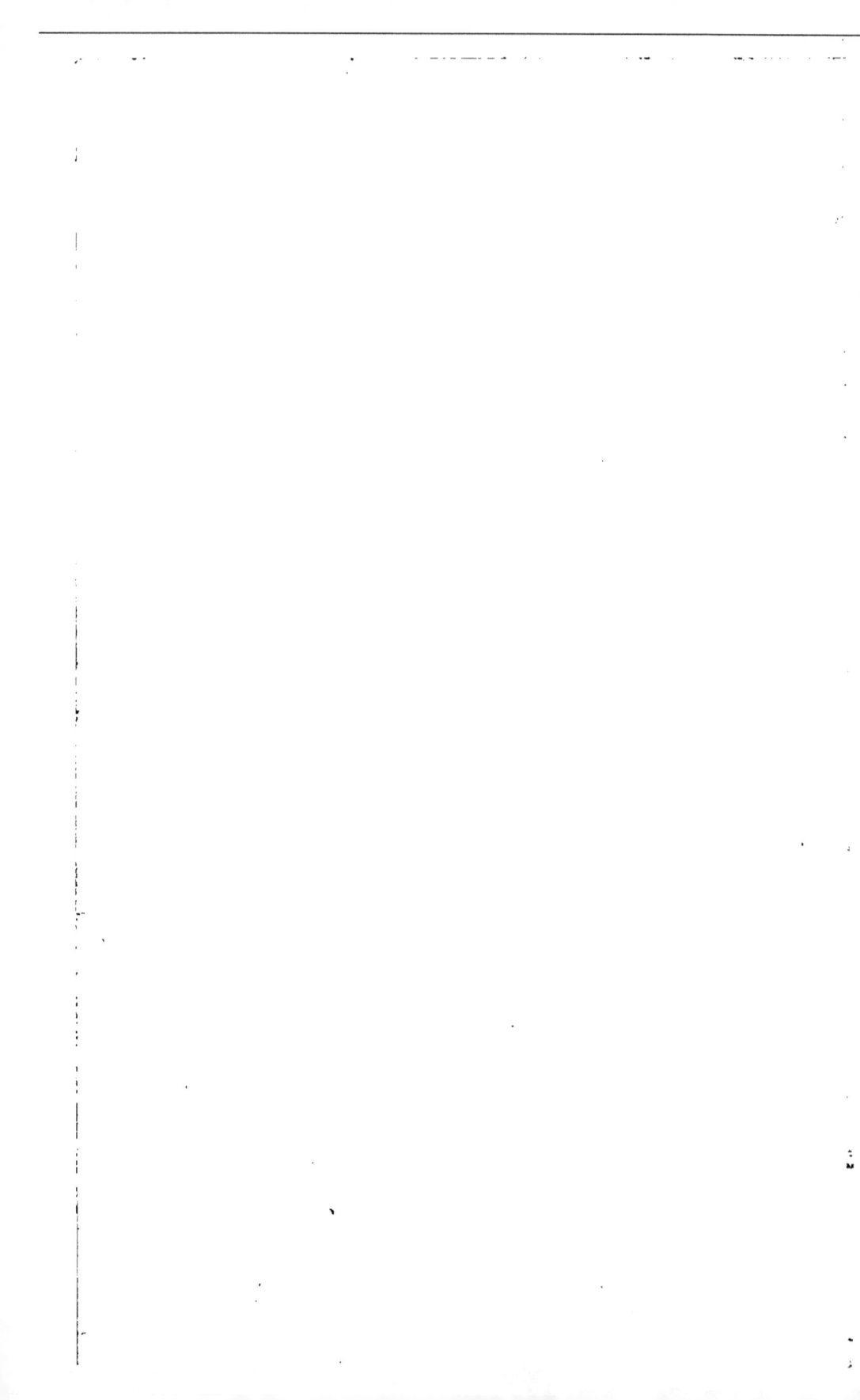

# BORDEAUX

## SOUS LA FRONDE

### 1650-1653

## ÉTUDE HISTORIQUE

d'après les Mémoires

DE LENET, LAROCHEFOUCAULT, Mlle DE MONTPENSIER,

Mme DE MOTTEVILLE, MONGLAT, GOURVILLE,

CONRART, ETC.

PAR

M. ANT. SAINTMARC

BORDEAUX

TYP. Ve JUSTIN DUPUY ET COMP.

RUE GOUVION, 20.

1859

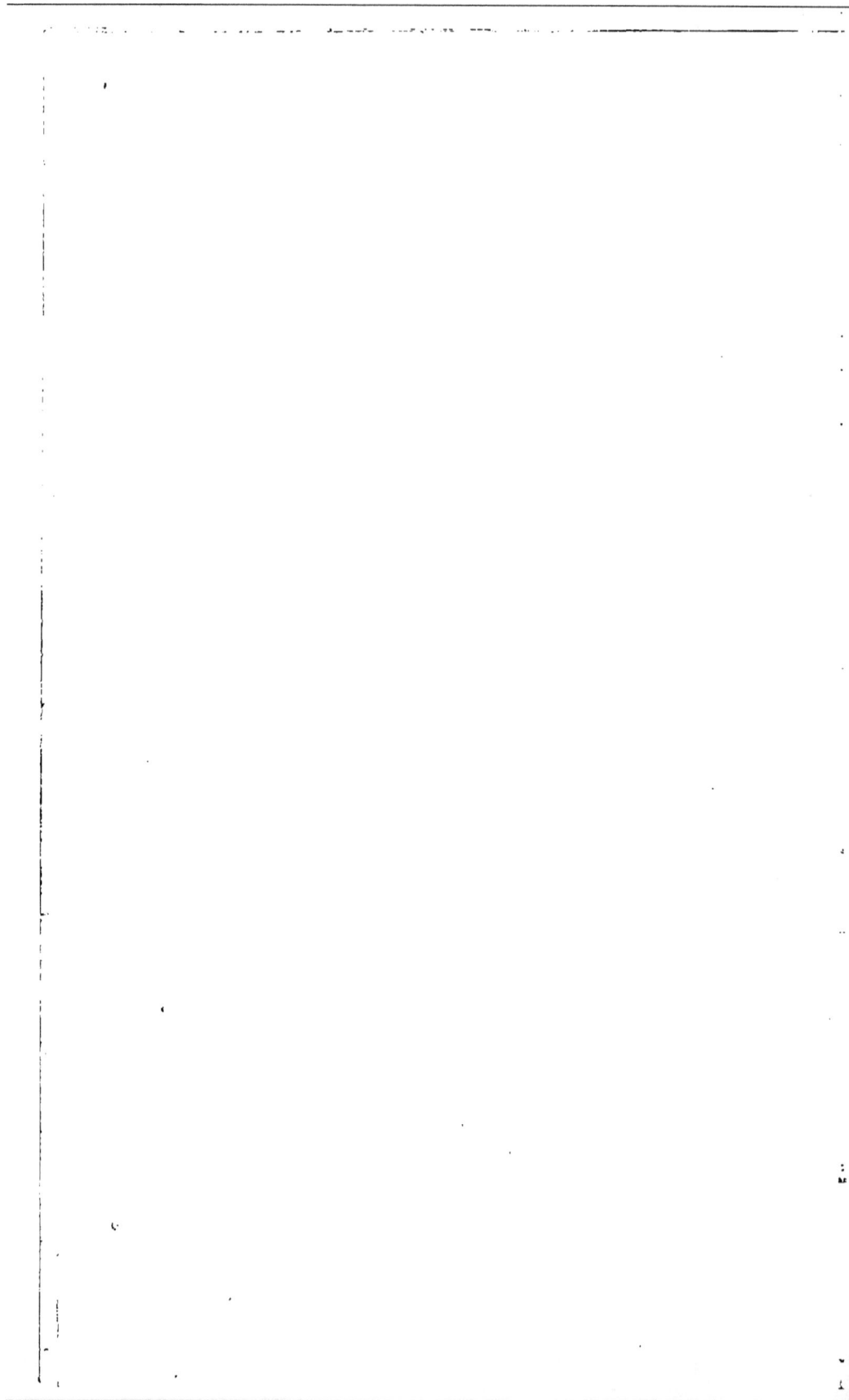

*A Monsieur* Victor COUSIN, *Membre de*
*l'Académie Française.*

Monsieur,

Veuillez ne pas trouver étrange, ni surtout offensant ou irrespectueux, que je prenne la liberté, moi inconnu de vous et ignoré du monde littéraire, de vous adresser une étude que j'ai faite de *Bordeaux sous la Fronde*, sujet dont vous enrichissez, en ce moment, la *Revue des Deux Mondes*. Votre ouvrage, Monsieur, instruit et éclaire la France. Les extraits que j'ai publiés et que j'ai puisés aux mêmes sources que les vôtres, n'ont été destinés qu'à quelques amis, ou à des esprits curieux et paresseux de ma ville natale ; c'est vous dire mon insuffisance et mon humilité. J'y serais resté vis-à-vis de vous, Monsieur, si dans la démarche que je me permets, je ne me sentais appuyé de la tendre et paternelle affection dont m'ont honoré, pendant leur vie, deux hommes célèbres, deux amis — M. Lainé et M. Ravez — que Bordeaux met au rang de ses plus pures illustrations, et qui, je n'ai pas besoin de vous le dire, eussent été peu mêlés à la Fronde, même sous M^me de Longueville et Condé.

Je suis, etc.

Ant. SAINTMARC.

Bordeaux, le 24 juin 1859.

Je viens de soumettre aux presses de
LA GUIENNE la réimpression de nombreux extraits d'auteurs qui ont vécu dans
le milieu du XVII<sup>e</sup> siècle, et qui nous ont
laissé ce que nous savons des évènements
qui se sont passés à Bordeaux pendant la
Fronde. Il en est sorti ce volume, que j'offre
à mes amis, en les priant de ne pas le juger comme un ouvrage d'une trop ambi-
tieuse prétention.

# AVANT-PROPOS.

Les deux années 1648 et 1649 qui précé-
dèrent l'arrivée et le séjour du prince et de
la princesse de Condé à Bordeaux, furent,
comme celles qui les suivirent, pleines
de désordres, de confusions et de combats.
L'histoire de ces *Mouvements* a été écrite par
Fonteneil, avocat au Parlement, chargé souvent par cette compagnie souveraine de mis-
sions délicates et importantes.

2

Cette *Histoire des Mouvements de Bordeaux* est fort rare et manque à plus d'un
amateur. Le premier volume seul a paru, et
s'arrête à la paix conclue avec le maréchal
Duplessis, à la fin de 1649. Il est regrettable
pour nous que la sincérité de l'écrivain, « qui
avait dit ce qu'il avait su, et fait ce qu'il
avait pu, » ait ému quelques susceptibilités
et quelques influences assez puissantes pour
empêcher la publication du second volume,
qui était prêt lors de l'impression du premier,
en 1651, et qui devait contenir les faits dont
la connaissance ne nous a été donnée que
par des auteurs qui ne sont pas Bordelais.
On en a la preuve et par ce que dit Fonteneil de son travail, et par une note manus-
crite qui se trouve sur un exemplaire ayant
appartenu à M. Marie de Saint-Georges, avocat, exécuté révolutionnairement le 17 avril

1794. Je dois à l'obligeance de M. Péry, ancien caissier du Mont-de-Piété, la communication de cet exemplaire; la note est ainsi conçue :

« Le deuxième volume de cet ouvrage n'a
» pas été imprimé. La tradition est qu'il y
» eut des ordres du gouvernement à ce sujet.
» La famille de l'auteur n'a aucuns papiers à
» cet égard, à ce que j'ai su de M. Fonte-
» neil, conseiller honoraire au Parlement,
» décédé il y a trois ou quatre ans, et de
» M. l'abbé de Fonteneil.

» A Bordeaux, le 17 janvier 1787.

» MARIE DE SAINT-GEORGES. »

Mon dessein n'est pas de faire sur Fonteneil le travail, tout modeste qu'il soit, que

l'on va lire sur Lenet et les autres chroni-
queurs. Ce n'est pas que je l'estime moins
digne d'être connu : loin de là ; les évènements qu'il raconte sont tous du plus
saisissant intérêt ; les détails en sont abon-
dants. Les pensées de l'auteur sont élevées,
ses sentiments patriotiques, et son style est
clair et vigoureux, quoique parfois un peu
déclamatoire. C'en serait plus qu'il ne faut
pour désirer la réimpression de son livre,
ou, tout au moins, pour le vulgariser par un
extrait fidèle et qui en conservât l'esprit.
C'est, pour ma part, ce que j'aurais désiré
faire, si mes forces me l'eussent permis ;
mais l'âge me pèse, et le travail aussi ; et j'ai
transmis mon idée à celui de mes amis
dont la plume heureuse et connue pourrait
ainsi ajouter une histoire locale à son *Histoire des Châteaux de la Gironde.*

L'irritation des esprits, dont on verra les conséquences dans l'opuscule de *Bordeaux sous la Fronde,* était déjà dans le paroxisme le plus élevé, lors du premier soulèvement des Bordelais contre l'autorité royale, ou, pour parler comme eux, contre la tyrannie, les exactions et les violences du duc d'Eper-non, gouverneur de la province.

« Il en est des peuples comme des lions, que l'on apprivoise, dit Fonteneil; ils obéissent tout autant qu'on les flatte; ils craignent quand ils voient un bâton levé; mais soudain qu'on appuie sur eux, se servant du courage que la nature leur donne, ils déchirent la main qui les outrage, et apprennent à celui qui les commande qu'ils ne souffrent les fers que parce qu'ils les veulent. La tyrannie est le germe de la révolte; l'amour est le maître des cœurs, et on ne voit jamais conspirer contre celui qu'on aime. »

La crainte d'une disette, qui devait infailliblement arriver par l'embarquement de blés que faisait opérer le duc d'Epernon, « sur lesquels il avait six-vingt mille livres de bénéfice qu'il mettait dans son épargne, » amena des attroupements et les premières émeutes. Le mal empira par la violence qu'on voulut employer à leur répression. Le Gouverneur et le Parlement s'en voulaient. Celui-ci, maître de l'opinion publique, qu'il dirigeait par ses arrêts, força le duc d'Epernon à se retirer dans son château de Cadillac, « pour pouvoir consulter avec plus de loisir les moyens de se venger de la blessure dont son autorité et son avarice souffraient également. »

De son côté, Bordeaux arme ses habitants, équipe des navires et forme des soldats. Chaque citoyen a son dévouement ou supporte son sacrifice. Un habile général commande ces troupes improvisées, et, pendant deux ans, sans secours étrangers, le marquis de Sauvebœuf d'abord, et le marquis de Lusignan après lui, résistent aux efforts des Epernonistes et de leurs chefs puissants et courroucés, attaquent leurs ennemis, en triomphent souvent et obtiennent une paix qui, malheureusement, ne dura guère et que vinrent troubler les intrigues de la Fronde et l'emprisonnement du prince de Condé.

Voilà le drame que Fonteneil a écrit avec ses péripéties de bonne et de mauvaise fortune et les noms de ceux de nos devanciers qui y ont pris le plus de part.

Les passions de nos ancêtres ont été celles de tous les peuples opprimés; honorons avec Fonteneil leur courage; mais prions Dieu de ne nous envoyer jamais ni leur gloire, ni leurs malheurs!

# BORDEAUX SOUS LA FRONDE.

## PREMIÈRE PARTIE.

### 1650.

Louis XIII mourait le 14 mai 1643, dans sa quarante-deuxième année. Il n'avait survécu que cinq mois au cardinal de Richelieu, son premier ministre, génie puissant et supérieur, dont la personnalité n'a laissé au fils de Henri IV que son titre de

roi dans l'histoire, quoique ce prince eût
d'ailleurs de grandes qualités.

La reine Anne d'Autriche lui survivait,
et il laissait, de son mariage avec elle, deux
enfants : l'un qui fut Louis XIV, né le 5
septembre 1638, et par conséquent âgé
d'un peu moins de cinq ans; l'autre, le duc
d'Anjou, plus jeune que son frère.

Le testament du roi déclarait la reine tu-
trice de ses deux fils et régente du royaume;
mais il mettait des bornes à cette qualité.
Il nommait un conseil de régence où tout
devait se décider à la pluralité des voix. Ce
conseil était composé du duc d'Orléans,
frère de Louis XIII, nommé lieutenant général du roi mineur dans les provinces,
sous l'autorité de la reine; du prince de
Condé (père du grand Condé); du cardinal

Mazarin, du chancelier Seguier; de Bou-
thillier, surintendant des finances, et de
Chavigny, son fils, secrétaire des com-
mandements.

Mais le Parlement, assemblé en un lit
de justice, annula les dispositions du testament; établit, sans restriction, la reine
seule régente, et conserva, sous son autorité, la lieutenance générale au duc d'Orléans.

Cet arrêt porte en lui-même le germe de
tous les troubles qui ont agité la France
pendant la minorité de Louis XIV. Le Parlement, en intervenant dans les affaires
d'Etat, alla successivement jusqu'à vouloir
s'arroger une autorité gouvernementale,
semblable à celle des communes anglaises,
dont on l'accusait d'envier le pouvoir.

Cette déviation du principe fondamental de la monarchie, que Louis XIV, pendant tout son règne, avait redressé d'une façon si hautaine et si absolue, a fini par triompher et par amener les malheurs sanglants dont nos pères ont été les témoins et les victimes ; elle a laissé, après deux siècles, la France, maintenue pour le présent, incertaine de son avenir.

Cependant, les premiers temps de la régence furent tranquilles au-dedans et glorieux par les armes au-dehors. C'était l'époque où le duc d'Enghien gagnait, à vingt-deux ans, ses premières batailles, où Turenne combattait en Italie et sur le Rhin, et où le duc de Brézé, neveu de Richelieu et grand amiral de France, dispersait si brillamment les flottes espagnoles.

Cette guerre et ces victoires engageaient
l'Etat dans de grandes dépenses; le trésor s'épuisait; et comme on ne connaissait pas encore le mécanisme et la res-
source des emprunts, il fallut recourir à
des taxes nouvelles. On en imagina une
qui, toute minime qu'elle puisse paraître
aujourd'hui, causa, en 1644, de graves séditions parmi le peuple, et provoqua dans
le Parlement cette opposition et ces hos-
tilités qui entraînèrent à la guerre civile de
la Fronde.

Il existait, depuis un siècle, des défenses
de bâtir dans l'enceinte de Paris de nouvelles maisons, sous peine de démolition, de
confiscation et d'amende. Plusieurs avaient
construit au mépris de ces défenses, et le
conseil d'Etat, au lieu d'exécuter les édits
à la rigueur, taxait les propriétaires à une

certaine somme par toise de superficie des nouveaux édifices. (*)

C'est là le prétexte qui fit surgir la guerre entre la Reine et le Parlement. Le Parlement blâma et ne voulut pas reconnaître la taxe. Il encouragea, par sa résistance, l'émotion et les attroupements populaires. On négociait, et les négociations faisaient naître de nouveaux démêlés, qui ne se terminaient pas tous à l'avantage de la Cour. Où tout cela devait-il aboutir? On le sait; et les peuples n'en sont ni plus prudents, ni plus sages. En vérité, si nous n'avions pas vu de nos jours d'aussi futiles causes à nos plus grands malheurs, nous serions à douter de la véracité de l'histoire.

(*) *Histoire de Louis XIV*, par Bruzen de la Martinière.

Malgré ces agitations, l'autorité de la
Reine, l'habileté du cardinal Mazarin et
l'homogénéité du conseil avaient maintenu
l'union de la Maison royale. Mais à la
mort du prince de Condé, qui arriva vers
la fin de l'année 1646, les choses changè-
rent de face, et le duc d'Enghien, qui prit
la place de son père, entra dans les affaires
avec l'orgueil de ses victoires. Riche et
puissant déjà par ses gouvernements;
mais ambitieux autant que brave, il eut des
prétentions, fit des demandes pour de nouvelles charges et causa, avec d'autres princes du sang et une foule de seigneurs et
de gens titrés, mécontents comme lui, de
graves embarras qui le conduisirent à Vincennes d'abord et à une guerre civile ensuite, dans laquelle la Guienne et Bordeaux ont pris une part très active et très
meurtrière.

Dans le travail que nous entreprenons, nous n'avons pas à juger les fautes *du grand* CONDÉ dans cette guerre infortunée. Nous nous bornons à dire avec Bossuet « qu'il ne faut regarder que l'humble reconnaissance du prince qui s'en repentit et la clémence du grand Roi qui les oublia. »

Cet essai n'aura d'autre mérite, si c'en est un, que de contenir en des pages peu nombreuses, dans un cadre resserré et dans des proportions réduites, tout ce que divers auteurs contemporains ont écrit touchant les évènements qui se sont passés à Bordeaux en 1650 et en 1652, époques de son second et de son troisième soulèvement contre l'autorité royale. C'est principalement dans les *Mémoires de Pierre Lenet* que nous prenons ce qu'on va lire. Lenet devait sa fortune et celle de sa famille aux princes de Condé. Il était conseiller d'Etat et procureur général au Parlement de Bourgogne, où son père et son grand-père avaient été présidents. Il devint fort important durant les troubles, et s'il n'était pas entièrement le chef des tentatives de guerre civile excitée au nom des princes prisonniers, a-t-on dit de lui, il en fut du moins l'âme, l'esprit et l'un des meneurs les plus influents. Personne donc mieux que lui ne pouvait parler de BORDEAUX SOUS LA FRONDE (*).

Nous nous sommes efforcé de circons-

(*) Voici l'étymologie que quelques historiens donnent du mot *frondeur*. La reine envoyait souvent au Parlement le duc d'Orléans et le prince de Condé. Leur présence modéra quelquefois l'impétuosité de cette compagnie; mais le calme durait peu. Bachaumont, fils du président Le Coigneux, dit à cette occasion que le Parlement faisait comme les écoliers qui se battaient à coups de fronde dans les fossés de Paris; ils se séparent dès qu'ils aperçoivent le lieutenant civil, et se rassemblent dès qu'il s'est retiré. La comparaison parut plaisante, et le nom de *frondeur* fut donné au parti contraire à la Cour.

crire le plus possible, aux murs de notre
ville, les faits que nous reproduirons.
Plaise à Dieu que les lecteurs ne trouvent
pas que ce soit encore trop étendu pour
notre érudition et pour nos forces !

———

A la mort du duc de Mayenne, tué au
siège de Montauban, sous les yeux de
Louis XIII, en 1628, le gouvernement de
Guienne, dont il était pourvu, fut donné au
duc d'Epernon, qui le conserva jusqu'en
1642 et le transmit, par droit de succession,
à son fils, duc de Lavalette, second duc
d'Epernon. Tous deux, esprits superbes,
violents, despotiques, puissants par leurs
richesses et leurs alliances presque royales,
corrompus par leur avarice et leur insatia-
bilité, maîtres haineux et absolus d'une

province qu'ils remplissaient de troubles,
de meurtres et de pillages ; plus forts que
le clergé dont ils outrageaient le chef, que
le Parlement dont ils combattaient les prérogatives, que le peuple qu'ils ruinaient.

Les deux gouvernements successifs des
ducs d'Epernon causaient une irritation extrême dans la population ; mais les plaintes
étaient vaines et les tentatives d'insurrec-
tion comprimées. Cependant, les actions
du duc d'Epernon devinrent si violentes,
que le soulèvement fut enfin général contre son autorité. Les habitants se rendirent
maîtres de la ville d'où le gouverneur fut
obligé de fuir. La guerre qui s'en suivit fut
impitoyable et la campagne saccagée. Plusieurs châteaux furent pris et repris. *La
Colonie* en donne une relation fort circons-
tanciée, et nous y renvoyons, car nous

ne nous occupons ici que de celle de 1650.
La paix eut lieu sur une déclaration du Roi,
le 23 décembre 1649.

L'opposition du Parlement contre la Cour
n'avait pas eu pour unique motif la tyrannie du gouverneur. Une autre cause l'avait
ému depuis longtemps, et celle-ci moins
patriotique, et croyons-nous, entachée
d'égoïsme. On avait érigé dans son ressort
quelques présidiaux, — que nous appe-
lons de nos jours tribunaux de première
instance, — où s'expédiaient quantité de
procès dont il aurait profité sans ces nouveaux établissements. Sous ce double prétexte, qu'il ne manquait pas de confondre
et d'attribuer à l'intérêt et au salut public,
il s'était adressé à la Cour, avait rendu des
arrêts de flagrante opposition, avait envoyé
des députés avec de vives remontrances et

s'était mis enfin sous la protection du Parlement de Paris, qui l'avait reçu et le soutenait dans sa révolte, appuyé par le prince de Condé, qui se ménageait ainsi dans l'avenir ou le plus beau gouvernement du royaume ou un refuge contre les revers.

—

A peine la paix venait d'être signée, qu'on apprit à Bordeaux, au mois de janvier 1650, l'arrestation et l'emprisonnement, à Vincennes, du prince de Condé, de son frère le prince de Conti et de leur beau-frère le duc de Longueville.

Les Frondeurs, partisans de ces princes, comprirent tout le parti qu'ils pourraient tirer d'une ville dont les esprits étaient si bien portés à la révolte et dans laquelle ils

avaient, depuis longtemps, de grandes intelligences. Ils résolurent de s'en servir, d'y
mettre à couvert la princesse de Condé et
son jeune fils le duc d'Enghien, qui s'é-
taient enfuis de Chantilly où la Cour les
avait exilés, et à qui il fallait un lieu sûr
pour se défendre de la régente et de Mazarin, ou pour attaquer les troupes du Roi à
leur poursuite, avec les forces qu'ils recru-
taient et qui venaient successivement les
rejoindre.

Le duc de Bouillon, frère de Turenne et
le duc de Larochefoucauld, frondeurs exal-
tés, l'un parce qu'il revendiquait vainement
son titre et sa principauté de Sédan, l'autre
par sa chevaleresque passion pour la duchesse de Longueville, furent les deux
grands seigneurs qui s'attachèrent les premiers à la cause et à la fortune de la prin-

cesse de Condé et qui l'appuyèrent de leur habileté.

« Ces deux révoltés, dit Madame de Motteville, résolurent ensemble de fomenter, autant qu'il leur serait possible, la rebellion de ces peuples, afin de s'en servir pour soutenir la guerre contre le Roi. Ils y envoyèrent Langlade, secrétaire du duc de-Bouillon, afin de travailler par lui à ce grand ouvrage. Langlade, ayant l'esprit vif et plein de lumière, parlait à la mode de ceux qui sont propres pour tromper les dupes. Avec ces qualités et la nécessité qui le pressait de rendre ce service à son maître, qui, sans ce refuge, se voyait perdu et leur parti détruit, il travailla si bien et avec tant de dextérité, qu'il aida à persuader ceux de Bordeaux d'entrer dans les intérêts des princes. Ce ne fut pas sans beaucoup

de peine, parce qu'il y avait dans cette
ville, à ce qu'il m'a dit lui-même, des gens
assez sages pour connaître le danger de
cet engagement. »

Mais les gens sages étaient loin d'être
en majorité, comme ils le furent peu après.
Il y en avait dans le Parlement, parmi les
jurats, dans le commerce et dans le peuple,
qui tous préféraient leur repos à la guerre,
et calculaient dans leur conscience les fu-
nestes effets d'un nouveau crime de lèse-
majesté. Ils ne purent retenir les esprits,
ni empêcher l'entrée de la princesse à Bordeaux. Elle était à Lormont, d'où ses affidés la pressaient de partir, parce que le
peuple était en tumulte et brisait les portes
du *Caillau* et du *Chapeau-Rouge* que le
Parlement et les jurats avaient voulu tenir
fermées. Le 31 mai 1650, elle se décida,

sur les assurances que Langlade lui donna
d'une glorieuse et enthousiaste réception.
Elle passa la rivière et arriva vers trois
heures à Bordeaux.

Les ducs de Bouillon et de Larochefoucauld ne voulurent pas se hasarder à la
suivre. Ils avaient lieu de craindre que
leurs personnes ne fussent pas accueillies,
et Lenet fut le seul des trois intimes conseillers témoin de l'ovation. Elle fut complète.

« Quatre cents vaisseaux qui étaient dans
le port lui firent trois décharges de leurs
canons; plus de trente mille personnes de
tout âge et de tout sexe la reçurent avec
des acclamations redoublées : *Vivent le
Roi et Monsieur le Prince !* On se choquait
avec empressement pour la voir. Sauvebœuf

et Lusignan (*) lui servaient d'écuyers, et
eurent des peines incroyables de la mener
jusqu'au carrosse qu'on lui avait préparé.
Le jeune duc, qu'un gentilhomme portait
sur les bras, était vêtu d'une robe de tapis
blanc chamarré d'argent et de passements
noirs, avec un chapeau couvert de plumes
blanches et noires, pour le deuil qu'il portait du maréchal de Brézé, son grand-père.
Il allait avec une contenance douce et
agréable, tendant ses mains à gauche et à
droite à tous ceux qui pouvaient l'aborder
pour les lui baiser, et leur disait qu'il connaissait bien que Messieurs ses père et
grand-père avaient eu raison d'aimer des
gens autant affectionnés pour leurs maisons qu'ils étaient.

(*) Sauvebœuf et Lusignan étaient les deux généraux des Bordelais.

» Tout le monde fondait en larmes, en voyant un enfant de sa qualité et de son âge venir chercher refuge contre les violences d'un ministre étranger ; il gagna un carrosse où on le mit à la portière et d'où il saluait incessamment tout le monde qui le suivait en foule. Toute la noblesse qui était arrivée en dix ou douze bateaux, remplit vingt-deux carrosses qui se trouvèrent sur le port, et qui escortèrent la princesse et le duc jusqu'au logis du président de La Lasne, qu'on leur avait préparé. Le peuple s'y jeta avec tant d'empressement et de confusion, que les chambres en furent toutes remplies. La princesse fut contrainte de passer avec le jeune duc sur une terrasse qui est sur la porte de cette maison, pour se faire voir à cette populace qui, jusques à minuit, leur donnait des bénédictions, et vomissait des exécrations continuelles con-

tre le cardinal Mazarin et contre le duc
d'Epernon. »

Un épisode de cette mémorable journée
faillit marquer de sang les premiers pas de
la princesse de Condé dans la ville. Un
gentilhomme nommé d'Alvimar, attaché au
maréchal Duplessis-Praslin, qui avait com-
mandé les troupes du Roi dans la guerre
précédente, et fort connu à Bordeaux où il
venait souvent, fut aperçu dans la foule et
arrêté comme porteur de lettres et d'ordres
de la Cour. Le peuple allait tourner contre
lui sa fureur, lorsque quelqu'un proposa de
l'amener à la princesse. Il fut sauvé par
elle, malgré Lusignan et Sauvebœuf, qui
voulaient un exemple, et l'avis même que
les ducs de Bouillon et de Larochefoucauld
s'empressèrent d'envoyer par écrit. Lenet
eut un sentiment tout contraire, qu'il fit

juger plus opportun et plus avantageux, et
que la princesse adopta,

Le lendemain, premier jour de juin, la
princesse se rendit au Parlement pour y
présenter une requête. Elle sortit de son
logis sur les dix heures du matin, avec son
jeune fils, suivie d'une foule immense. Ils
entrèrent dans la grand'salle qui retentis-
sait des mêmes acclamations qu'on avait
entendues la veille. Lenet était auprès de
leurs personnes ; la princesse sollicitait
les juges à mesure qu'ils paraissaient ;
« elle fondait en larmes en leur représen-
tant le malheureux état de toute sa maison opprimée, et leur demandait un refuge contre la violence du cardinal Mazarin. Le jeune duc, que Vialas portait sur
ses bras, se jetait au cou des conseillers
en les embrassant, leur demandait, les

larmes aux yeux, la liberté de Monsieur
son père, mais d'une manière si tendre,
que la plupart de ces Messieurs pleu-
raient aussi amèrement que lui et que
Madame sa mère, et leur donnaient tous
bonne espérance du succès de leur requête... »

Le Parlement tardait à s'assembler, parce
que tout n'y était pas unanime.

« La princesse, outrée de douleur et d'impatience, prit Monsieur son fils par la main,
et entra de son mouvement avec lui dans
la grand'chambre. Elle était tout en pleurs;
et voulant se jeter à genoux, elle en fut
empêchée par ceux qui coururent à elle, et
leur dit : « Je viens, Messieurs, demander
» justice au Roi, en vos personnes, contre
» la violence du cardinal Mazarin, et re-

» mettre ma personne et celle de mon fils
» entre vos mains : j'espère que vous lui
» servirez de père ; ce qu'il a l'honneur d'ê-
» tre à Sa Majesté et le caractère que vous
» portez, vous y obligent ; il est le seul de
» la Maison royale qui soit en liberté ; il
» n'est âgé que de sept ans ; Monsieur son
» père est dans les fers. Vous savez tous,
» Messieurs, les services qu'il a rendus à
» l'Etat, l'amitié qu'il vous a témoignée
» aux occasions, celle qu'avait pour vous
» feu mon beau-père ; laissez-vous toucher
» à la compassion pour la plus malheureuse
» maison qui soit au monde, et la plus in-
» justement persécutée.

» Ses soupirs et ses larmes interrompi-
rent son discours. Le jeune duc mit un ge-
nou en terre et leur dit : « Servez-moi de
» père, Messieurs, le cardinal Mazarin m'a

» ôté le mien. » Ils se jetèrent tous à lui
pour le relever, et la plupart furent atten-
dris à cette vue jusqu'à en pleurer. Le président d'Affis (*) les pria de se retirer et
leur dit que la Cour connaissait leur juste
douleur et qu'elle allait délibérer sur leur
requête. »

Cette requête, rédigée par Lenet, et qu'a-
vaient approuvée les ducs de Bouillon et
de Larochefoucauld, était, comme on doit
le croire, l'apologie du prince de Condé et
la flétrissure de la conduite du cardinal

---

(*) Le président d'Affis, en l'absence des plus anciens, se trouvait à la tête du Parlement. « Il était homme de bel esprit et beau
parleur, dit Lenet ; nous ne pouvions rien souhaiter de plus en
lui, car nous avions en main de quoi disposer de lui par la récom-
pense ou par la peur ; aussi ne tarda-t-il guère d'offrir ses services à la princesse, qui ne manqua pas de lui faire présent de quelques diamants, de lui promettre une pension qui lui triplait le
revenu de sa charge et de faire semblant de se gouverner par ses
avis. C'est un grand coup, ajoute Lenet, que de connaître la passion dominante d'un homme nécessaire, et d'avoir le moyen de
l'assouvir. »

Mazarin à son égard ; elle faisait la relation assez minutieuse des évènements survenus et de la poursuite armée dont la Princesse était l'objet depuis son départ de Chantilly ; cette Princesse se mettait sous la sauve-garde du Parlement, et lui demandait une autorisation légale pour sa personne, celle de son fils, leurs biens et leurs affaires de justice.

Le Parlement hésitait ; mais le peuple, toujours présent, menaçait et voulait un arrêt conforme à la requête. Lavie, avocat général, dévoué à la régence, faisait tous ses efforts pour tirer l'affaire en longueur. Dussaut, avocat général aussi, s'empressa, comme plus ancien, de porter la parole : Dussaut, à quatre-vingts ans, qui s'était érigé en tribun du peuple, avait acquis du crédit en provoquant, ou en soutenant tout

ce qui allait contre les intentions du gouvernement; il parla avec tant de vigueur,
que l'arrêt fut résolu. « Mais avant que de
le prononcer, la Cour envoya à la Princesse
Pommiers-Françon, doyen du Parlement,
et Tarangue, qui avait été le rapporteur de
sa requête, pour lui demander, afin de
garder quelque bienséance, si, en cas que
la compagnie lui donnât la protection du
Roi et sûreté dans Bordeaux, elle n'enten-
dait pas y vivre en bonne sujette de Sa
Majesté; et si elle n'emploierait pas son
autorité pour empêcher qu'il ne s'y passât
rien contre son service. A quoi elle répliqua
qu'elle l'avait ainsi déclaré par sa requête.
Ils se retirèrent et l'arrêt fut donné. » Le
voici :

« La Cour, suivant les registres de ce
» jour, ouï sur ce le procureur général du

» Roi, a ordonné et ordonne que la requête
» de la dame princesse de Condé et le re-
» gistre seront envoyés à Sa Majesté, et
» qu'elle sera très humblement suppliée,
» attendu les protestations et les déclara-
» tions faites par ladite dame princesse, de
» son inviolable fidélité à son service, d'a-
» gréer qu'elle et le seigneur duc d'Enghien,
» son fils, demeurent, avec ceux de leur
» maison, dans la présente ville en toute
» sûreté, sous sa sauvegarde et sa jus-
» tice; comme aussi, sadite Majesté sera
» très humblement suppliée d'agréer les
» remontrances contenues aux registres.

» Fait à Bordeaux, en Parlement, les
» chambres assemblées, le premier juin
» mil six cent cinquante. »

*Signé :* DE PONTAC.

Dans la soirée de ce jour, la princesse
de Condé reçut de nombreuses visites et les
félicitations individuelles d'une foule de
gentilshommes et de bourgeois; mais l'ar-
chevêque (*) n'y fut point, et le Parlement
en corps, pas plus que les jurats, ne s'y
présentèrent; ils croyaient en avoir assez
fait dans la matinée, et le peuple, d'ailleurs,
ne les força pas de rendre cet honneur.

La Princesse, toujours aidée de Lenet,
s'empressa de négocier l'entrée en ville des
ducs de Bouillon et de Larochefoucauld,
qui étaient demeurés logés au faubourg
des Chartrons. La délibération du Parlement fut longue et difficile. Lavie s'y opposait; mais le peuple s'attroupa, menaça
l'avocat général de le jeter dans la Garonne,
et l'arrêt d'admission fut rendu.

(*) Henri III de Béthune.

« Les Ducs entrèrent dans la ville et, presque aussitôt, sur un avis que quelque cavalerie ennemie paraissait du côté de Fronsac, ils partirent avec la noblesse pour joindre l'armée qu'ils avaient laissée vers Savignac, sur la rivière de l'Isle, à dessein d'aller attaquer, disaient-ils, celle du général de Lavalette; mais, en effet, par la seule raison de montrer à Bordeaux qu'on était en état de le faire, quoiqu'il ne fût pas véritable, car ils avaient pris le poste de Castillon-sur-Dordogne, où ils étaient très bien retranchés.

» Les Ducs savaient bien de quelle importance il est de paraître forts et hardis, quand on veut embarquer dans un parti des gens irrésolus, et qui se croient faibles; aussi ne firent-ils, à proprement parler, qu'une cavalcade, au retour de laquelle

ils mirent du monde dans Vayres, château
appartenant au président de Gourgues,
avec des vivres et des munitions. Le lieutenant des gardes du duc de Bouillon y fut
tué en duel. »

A Bordeaux, Lavie se montrait toujours
ouvertement et courageusement dans les
intérêts du roi ; il y distribuait des écrits.

« Le peuple s'en émut et se rendit en
grande rumeur au logis de la Princesse,
criant qu'ils allaient égorger Lavie et sa
famille dans sa maison. Elle mit tout en
usage pour les empêcher d'exécuter ce dessein ; mais les généraux qui étaient, depuis
peu, de retour de l'armée, venant visiter la
Princesse, le peuple les suivit, et comme
ils n'avaient pas des sentiments aussi modérés qu'elle, et qu'ils jugèrent la présence

de Lavie fort préjudiciable dans Bordeaux,
ils applaudirent à la bonne volonté qu'ils
témoignaient, et crurent que c'était un coup
d'état de laisser agir leur colère. Sauvebœuf se mit à leur tête; ils coururent au
logis de Lavie, qui était ennemi capital de
ce marquis; ils enfoncèrent les portes, ils
y entrèrent. Lavie se sauva au couvent des
Pères Feuillans, voisin de sa maison; ils le
suivirent, l'appelèrent traître à sa patrie,
émissaire de Mazarin, pour faire extermi-
ner la maison royale; ils lui vomissaient
mille imprécations. Sauvebœuf, qui avait
été touché des larmes de Madame sa femme,
empêcha qu'on ne l'égorgeât. Il tâchait à le
persuader de se retirer et sortir de Bordeaux,
il y résista, et parut intrépide dans un tel
péril, sur le bord et à la vue d'un tel préci-
pice. Le peuple, qui avait créance en Sauvebœuf, suspendit sa fureur contre Lavie,

et retourna en sa maison pour égorger sa femme. Ce marquis y courut, la prit par la main, et l'amena avec ses enfants au même lieu où était son mari. Les conjurés pillèrent la maison, et après en avoir enlevé l'argent et les meubles, enlevèrent les portes et les fenêtres, et voulurent y mettre le feu; mais Sauvebœuf, qui était retourné, les en empêcha. Lavie, à la vue d'un tel spectacle, jugeant à l'avenir sa constance inutile, prit résolution de se retirer avec sa famille à Blaye. Sauvebœuf les accompagna jusqu'au bateau qui les y porta, pour les garantir, par le chemin, de la mort dont ils étaient menacés. Mirat, conseiller au Parlement, homme de mérite et de probité, fort en crédit dans sa compagnie et parmi le peuple, qui avait toujours été ennemi de Lavie, se mit dans le bateau avec lui, et l'accompagna généreusement jusqu'à Blaye, d'où il retourna le lendemain.

» Il n'est pas toujours aisé d'exciter des séditions ; mais quand elles le sont, il est difficile d'en arrêter le cours. Cette populace émue et en curée du butin qu'elle venait de faire chez Lavie, voulait en faire un pareil aux maisons de Duglas, de Franc, et de Pontac-Beautiran, jurats de la ville. La Princesse s'y opposa de toute sa force ; car si la violence qui venait d'être faite pouvait servir, comme en effet elle servit beaucoup, la continuation aurait été nuisible. Il est nécessaire d'imprimer de la crainte ; elle contient dans la dépendance et dans le respect quand elle est modérée ; mais l'excès en est dangereux : il ne refroidit pas seulement les affections, il irrite les volontés, et fait pour l'ordinaire secouer le joug qu'on s'était volontairement imposé. La Princesse était obligée de sauver Duglas, parce qu'il était oncle du conseiller Tarangue, qui avait

été le rapporteur de sa requête; Franc,
parce qu'il était ami intime de Lusignan;
et Pontac, par la grande parenté qu'il avait
dans le Parlement; car cette famille est
des plus anciennes, des plus riches et des
plus considérables de la ville : le premier
président, le procureur général et le greffier
en chef sont encore à présent de ce nom.
L'avantage que nous tirâmes de la menace
qu'on avait faite à ceux-ci, fut qu'ils vinrent avec la livrée haranguer la Princesse
et le duc d'Enghien, ce qu'ils n'avaient
point encore fait, et que Duglas nous dé-
couvrit toutes les pratiques, toutes les cabales et tous les desseins que Lavie avait
contre nous.

Bordeaux s'engageait de plus en plus

dans le parti de la princesse de Condé. Ce
parti se grossissait incessamment de l'arrivée de gentilshommes, ennemis de la
Cour, et prenait de l'importance à leurs
yeux et auprès des âmes timorées, par les
négociations que l'on disait conduites et
toujours à la veille d'aboutir, avec des
grands seigneurs, des commandants de
place, de châteaux, la maison de la Force,
qui tenait la haute Guienne, et le duc de
Saint-Simon, gouverneur de Blaye. Il y
avait du vrai dans ces nouvelles; mais, le
maréchal et le marquis de la Force, posaient
des conditions qui n'étaient pas acceptables,
ou que des promesses ne pouvaient satisfaire; et le duc de Saint-Simon, balançant
entre son attachement pour le prince de
Condé et ce qu'il devait au Roi, dont le père
l'avait fait duc, finit par demeurer ferme
dans son devoir.

En attendant, il fallait de l'argent pour
solder les troupes et de l'argent pour en
lever. Les ressources des chefs, celles de
Lenet lui-même, qui se dit quelque part
plus riche qu'eux, ne pouvaient suffire pour
longtemps. L'Espagne était en guerre avec
la France, on envoya des émissaires vers
le Roi catholique, dont la politique fut heureuse de promettre ce qu'on lui demandait, de l'argent, des troupes et des vaisseaux.

Les conseillers de la princesse de Condé,
qui ne manquaient pas de se prévaloir de ce
traité d'alliance, et d'en assurer les effets
très prochains, voyant les esprits au point
où ils travaillaient si bien à les conduire,
voulurent juger des forces dont ils pouvaient
disposer dans la guerre qu'ils avaient résolue. Ils armèrent les bourgeois, et avec une

partie de leurs troupes de pied et de cheval,
les ducs de Bouillon et de Larochefoucauld,
et les généraux Sauvebœuf et Lusignan,
sous leurs ordres, firent une expédition
dans le Médoc. Toute cette partie du terri-
toire fut pillée et saccagée. On prit Castel-
nau, on se saisit de Blanquefort, deux
châteaux appartenant, l'un au duc d'Epernon, l'autre au duc de Duras, beau-frère
du duc de Bouillon lui-même. On ne se re-
tira que sur la nouvelle de l'approche vers
Bordeaux des troupes royales du maréchal
de la Meilleraye, du côté de l'Entre-deux-
Mers, et de celles du duc d'Epernon, qui
se joignit au duc de Lavalette, son frère.
Les Epernonistes s'emparèrent, en effet, du
poste de l'Ile Saint-George, à la conservation duquel les Bordelais semblaient atta-
cher le salut de leur ville, et dont la perte
leur causa une vive frayeur.

« Le Parlement s'assembla, et ordonna
que tous les bourgeois, sans distinction,
prendraient les armes; que l'Hôtel-de-Ville
s'assemblerait au son de la cloche pour
aviser à la cause publique; que les Ducs
seraient priés d'occuper les postes de Saint-
Seurin et de La Bastide, et que l'on prendrait dans le coffre commun dix mille écus
pour les prêter à la Princesse, afin d'en
faire deux régiments d'infanterie pour la
défense de Bordeaux. Elle les reçut et donna
ses pierreries de plus grande valeur pour
sûreté de cette somme, afin de faire voir
qu'elle ne voulait leur être à charge que le
moins qu'elle pourrait. Mais, l'année suivante, ces gages lui furent rendus libérale-
ment.

» Espagnet fut le promoteur de cet arrêt.
Ce conseiller était d'une fermeté stoïque et

d'une vertu incorruptible; il se piquait de
bravoure, et en avait à la vérité autant que
s'il eût passé toute sa vie dans les emplois
de guerre. Il avait aidé à assiéger et prendre, l'année précédente, le Château-Trompette. Il était toujours des vigoureux avis
dans sa compagnie, et des premiers à les
exécuter.

» L'Hôtel-de-Ville résolut tout d'une voix
que la sûreté publique ne consistant pas à
la seule garde que la Cour avait ordonnée,
les bourgeois demeureraient unis avec Messieurs les Ducs et le Parlement, duquel on
observerait inviolablement les ordres et
les arrêts; que l'on s'opposerait aux désordres; qu'on se saisirait des contrevenants
pour les remettre entre les mains de la Cour,
afin d'être châtiés suivant l'exigence des
cas; qu'elle serait au surplus suppliée de

pourvoir, par sa prudence, au repos et à la
sûreté publique, et d'agir, ainsi qu'elle ver-
rait être à faire, contre ceux qui passaient
dans la ville pour être dans les intérêts du
duc d'Epernon ou du cardinal Mazarin.
Rien ne nous pouvait être plus avantageux
que cette délibération, aussi en tirâmes-
nous une grande utilité pour la suite.

» Ce jour-là même et le lendemain, nous
vîmes un effet de la chaleur qu'elle avait
inspirée. Le maréchal de la Meilleraye envoya un trompette au Parlement, qui fut
arrêté à La Bastide pour y attendre la réponse qu'on ferait à la lettre dont il était
chargé. Elle portait que le Roi leur voulait
accorder d'ôter le duc d'Epernon du gouvernement de Guienne, pourvu qu'ils ne
souffrissent pas plus longtemps dans leur
ville ceux qu'ils y avaient retirés, voulant

parler de la Princesse et des ducs de Bouillon et de la Rochefoucauld, qu'il ne nommait pourtant pas.

» Le Parlement s'assembla , et fut longtemps à délibérer sur ce sujet.

» Cependant le peuple pressait ardemment l'union qui avait été résolue dans
l'Hôtel-de-Ville, et de telle sorte, que s'é-
tant attroupé et entré dans le palais, ils
criaient confusément qu'ils égorgeraient
tous ceux qui voudraient s'y opposer. Et
comme ils s'adressèrent particulièrement
au président d'Affis et à Pommiers-Françon,
ces Messieurs vinrent en diligence et fort
effrayés en mon logis, pour me proposer
d'employer l'autorité des Ducs, afin de faire
retirer cette populace insolente. Comme
cela ne nous était pas propre, je leur ré-

pondis que leur autorité n'était pas suffi-
sante pour cela, et qu'il n'y avait point
d'apparence qu'ils prennent les armes contre ceux qui leur avaient tant témoigné d'affection, et que le Parlement seul était capable de réprimer leur ardeur démesurée.
Ces Messieurs, qui reconnurent la raison
qui me faisait parler de la sorte, me prirent
à partie, et me dirent en colère qu'on voulait les exposer à tout moment à la fureur
du peuple ; qu'ils abandonneraient toutes
choses, et prendraient leur sûreté à la Cour,
comme ils verraient être à faire ; qu'en un
mot, ils ne donneraient jamais l'arrêt d'u-
nion. Et sur ce que je leur remontrai qu'a-
yant fait tous les pas qu'ils avaient faits
jusque-là, il n'y avait plus rien à ménager,
et que la plus grande prudence était de faire voir à la Cour qu'ils sauraient maintenir l'autorité de leurs arrêts par les armes,

afin qu'elle perdit la pensée de les gagner
par des négociations, qui les exposeraient
ensuite à la vengeance du cardinal, ils me
répartirent qu'ils le connaissaient aussi
bien que moi, mais que je savais bien qu'il
y avait de certaines mesures, dans lesquelles les compagnies souveraines devaient se contenir. Je connus par là qu'ils
ne cherchaient qu'à sauver les apparences;
et comme je ne jugeai pas à propos de les
violenter, j'écrivis un billet aux Ducs, duquel
ayant reçu la réponse, par laquelle je vis
qu'ils entraient dans mon sens, je leur proposai de donner un arrêt contre le duc
d'Epernon, ses troupes, fauteurs et adhé-
rents, qui aurait le même effet que l'arrêt
d'union qu'on leur demandait, sans que le
mot d'union y fût inséré. Ils en demeurèrent d'accord, et nous nous séparâmes sa-
tisfaits les uns des autres. Ils allèrent ren-

dre compte de notre conférence au Parlement, et moi à la Princesse et aux Ducs,
qui tous approuvèrent la résolution que
nous avions prise.

» Le vingt-cinq, l'arrêt que nous avions
concerté fut résolu; et comme on achevait
d'y opiner, un bruit confus s'était répandu
dans la ville, que le duc d'Epernon, à la
tête de ses troupes, avait marché à Blanquefort pour attaquer les nôtres dans les
marais, où il savait qu'elles étaient postées.
Mais comme Le Chambon, qui les commandait, avait jugé qu'on ne le pouvait défendre,
il avait abandonné ce poste, et avait tiré
sous Bordeaux la cavalerie, l'infanterie et
le bagage sans aucune perte. Le duc d'E-
pernon se crut victorieux d'avoir occupé ce
poste, et le publia comme le gain d'une
bataille. L'alarme en fut telle dans la ville,

qu'en un moment tout le monde fut sous
les armes; et le duc de Bouillon ne put jamais empêcher par tout ce qu'il put dire,
que quatre ou cinq mille bourgeois ne sor-
tissent à dessein d'aller forcer le duc d'E-
pernon dans le marais.

» On eut beau leur remontrer que le poste
était d'un très difficile accès, qu'il était
coupé d'un canal plein d'eau, traversé par
un pont rompu et défendu par deux pièces
de canon, qu'ils avaient affaire à de vieilles
troupes bien disciplinées; rien ne put les
contenir, et quelques-uns, comme c'est la
coutume des peuples qui condamnent toutes
les raisons qui s'opposent à leur emportement, accusaient, en murmurant, le duc de
Bouillon d'intelligence avec leurs ennemis,
parce qu'il leur disait toutes celles qu'il
pouvait et qu'il devait, pour les empêcher

d'aller les attaquer. Il les y mena donc,
voyant leur obstination. Après qu'ils eurent
fait deux ou trois décharges, et tué quatre-
vingts ou cent hommes, du nombre desquels
furent deux capitaines de Navaille, la nuit
les sépara, et ils se retirèrent avec assez
de désordre. Ils y perdirent deux soldats et
un bourgeois. Le comte de Guitault, qui
s'y était signalé, y fut blessé d'un coup de
feu au visage, duquel il faillit à mourir ; et
la dame de Gouville, de la blessure que
celle-là lui fit au cœur. La Roussière, qui
y fit fort bien, y reçut un coup de mous-
quet dans la cuisse, et le président Pichon,
qui se piquait de chevalerie, eut bien de la
joie d'y avoir un cheval tué sous lui.

» En conséquence de l'arrêt de ce jour là,
le Parlement nomma Blanc-Mauvesin, Ré-
mond, d'Espagnet et Mirat pour assister,

en qualité de leurs commissaires, à tous les conseils de guerre. Le premier était un vieillard emporté, ennemi du duc d'Epernon; le second était presque de la même trempe, mais plus aisé à gouverner; et Mirat, un homme plus attaché au parti qu'aucun autre, mais sage, qui voulait toujours marcher par les formes des compagnies, allant très bien à ses fins, et qui s'était rendu l'arbitre et le maître, par ses amis et par sa bonne conduite, de ce qu'on appelait la petite Fronde; les trois autres étaient les principaux de la grande.

» Sur l'avis ou sur la crainte que nous avions que le maréchal de la Meilleraye n'arrêtât le courrier ordinaire, pour voir ce qu'on nous écrivait de Paris, et connaître les intelligences que nous y avions, nous l'envoyâmes enlever, à dessein de savoir celles que le cardinal pouvait avoir à Bordeaux ; mais le Parlement ne l'approuvant pas, nous fîmes rendre le paquet au commis, pour distribuer les lettres en la forme ordinaire.

» Le vingt-six, on tint conseil de guerre où assistèrent, pour la première fois, les quatre députés du Parlement. La première proposition qu'ils y firent fut de faire fabriquer des sous pour payer des soldats ; ils assurèrent que leur compagnie le tolèrerait au commencement, et l'ordonnerait même dans la suite.

» On résolut d'envoyer attaquer les gens que le duc d'Epernon avait laissés dans l'Ile Saint-Georges, dont les Bordelais croyaient que toute la fortune publique dépendait, et on en donna l'exécution à Lamothe-Delas.

» On me nomma chef du conseil et surintendant des finances, mais je refusai.

» Le Parlement députa, en même temps,
des commissaires particuliers pour divers
emplois : Bordes et Monier pour le poste
Saint-Seurin, et Fayade pour La Bastide;
Muscadet et Pichon pour l'artillerie; Bou-
cault, Le Roux et Duffaut pour la distribu-
tion des deniers du convoi; Dalème pour
un petit armement qu'on résolut de faire
sur la rivière.

» Tous, selon la nécessité de leur emploi,
avaient relation avec le conseil de guerre,
et convenaient avec moi de ce que nous
souhaitions d'eux, ou de ce qu'ils désiraient
de nous. On résolut encore que, quand il
ne plairait pas à la Princesse d'assister au
conseil, il se tiendrait en mon logis, qui

était joignant le sien ; car, outre que c'était
la commodité des Ducs, les députés du
Parlement faisaient difficulté de s'assembler
chez eux, parce que cela aurait témoigné
qu'ils étaient sous leurs ordres, ce que l'on
ne pouvait croire de moi, qui étais un
homme sans conséquence. »

Lamothe-Delas, avec trois cents hommes,
s'empara de l'Ile Saint-Georges, défendue
par un égal nombre d'Epernonistes, qui
furent surpris, ne purent se défendre et se
rendirent à discrétion. Les prisonniers, au
nombre desquels était le sieur de Canolle,
lieutenant-colonel du régiment de Navaille,
furent menés en triomphe à Bordeaux. On
les mit tous dans les prisons, après que
les Ducs eurent employé toute leur autorité
pour les garantir de la fureur du peuple,
qui voulait ardemment les faire mourir tous.

L'emportement était tel, qu'un cavalier de Larochefoucauld, qui cria, en retournant : *Vivent le roi et M. d'Épernon!* fut sur le champ égorgé et traîné par toutes les rues, après qu'on lui eut coupé le nez, les oreilles et qu'on l'eut honteusement mutilé; tant il est dangereux de parler ou d'agir à contre temps contre les inclinations d'une populace mutinée. »

———

Les Ducs furent visiter cette position de l'Ile Saint-Georges. Ils y ordonnèrent quelques travaux et y laissèrent de nouvelles troupes. Mais, attaquée de nouveau, elle fut prise par le général de Lavalette, qui y fut mortellement blessé. Les bateaux bordelais ayant été coulés à fond par une batterie que le maréchal de la Meilleraye avait fait dresser sur le bord opposé de la rivière, la frayeur saisit de telle sorte les soldats et même les officiers, qu'ils se rendirent tous prisonniers de guerre. Les Bordelais, dit Larochefoucauld, perdirent tout à la fois cette île qui leur était importante, et douze cents hommes de leur meilleure infanterie.

—

Les négociations de la princesse de Condé avec Philippe IV, roi d'Espagne, étaient très suivies. Elles étaient conduites sous la direction des Ducs et de Lenet, par des gentilshommes dévoués et courageux qui, repoussés par le duc de Saint-Simon, de Blaye, qu'ils ne pouvaient franchir avec leurs vaisseaux, remplissaient leur mission à travers les landes et le bassin d'Arcachon, jusqu'à Saint-Sébastien, où demeurait le

baron de Wateville, intermédiaire et agent
du roi. Lartet, l'un d'eux, en revint un jour
avec la nouvelle qu'il avait vu partir trois
frégates, ayant à bord quatre cent cinquante mille livres. Lenet doutait du char-
gement; mais il avait intérêt à y laisser
croire, pour soutenir la bonne volonté des
Bordelais, dont la plupart, dit-il, parta-
geaient souvent dans leur imagination les
trésors du Pérou.

On arma tout ce qu'on put ramasser de
chaloupes, de vaisseaux et de frégates.
Cette flotte partit et ramena jusqu'à Bacalan
les frégates espagnoles et leur trésor pré-
tendu. Un envoyé du roi d'Espagne, don
Joseph Ozorio, en descendit. Le marquis de
Sauvebœuf le conduisit en pompe à la princesse. Cette arrivée d'un émissaire et d'un
secours espagnol causa de l'émotion. Le

Parlement, qui croyait ne faire la guerre
qu'au ministère Mazarin, pour le forcer à la
liberté des princes, ne voulait pas aller jusqu'à une alliance avec les étrangers et les
ennemis de l'Etat. Il s'assembla, et sur la
proposition de d'Affis, homme inconstant et
léger, dit Lenet, qui donnait à tout moment
sa parole et y manquait de même, rendit
un arrêt par lequel il serait informé de l'arrivée des trois frégates et de la personne
d'Ozorio, avec ordre au peuple de leur
courir sus. Cet arrêt, que plusieurs du
Parlement avaient voté de bonne foi, n'é-
tait pas sérieux pour la majorité, qui alla,
par l'organe de Mauvezin et d'Espagnet,
dire à la Princesse de ne pas s'en inquié-
ter, parce qu'une délibération secrète existait de ne point l'exécuter. Il n'en produisit
pas moins de grands désordres dans la
ville.

« Le peuple, qui l'avait su, alla au Palais pour demander les arrêts nécessaires ;
et comme ils trouvèrent que l'audience
publique se tenait, les principaux d'entre
eux entrèrent dans la grand'chambre, et
prièrent le Parlement de faire cesser l'audience et d'assembler les Chambres. Ce
fut une prière, de celles qui ont plus d'autorité qu'un commandement absolu. Le
bruit que tous ceux qui étaient dans la
grand'salle faisaient, obligea la Compagnie
à s'assembler. Incontinent qu'elle le fut,
Mauvezin et Espagnet firent leur rapport,
et tirèrent même un papier de leur poche
contenant la réponse que leur avait faite la
Princesse, qu'ils avaient couchée par écrit
pour n'en rien omettre. Sur quoi la Cour
ordonna qu'ils retourneraient sur le champ
l'assurer de son entière protection, et la
prier de ne point perdre de temps à mettre

des troupes sur pied, afin d'être en état de
soutenir les arrêts qu'ils avaient donnés,
et ceux qu'ils pourraient, dans la suite, donner en sa faveur. Mais comme après avoir
pris cette résolution, ils voulurent se retirer
dans leurs maisons, le peuple leur demanda
s'ils avaient donné l'arrêt d'union; et quelques-uns ayant répondu que non, et que
ce n'était pas ce que Madame la Princesse
avait désiré d'eux, la plupart mirent l'épée
à la main et les repoussèrent dans la grand'
chambre avec un emportement extrême :
il y eut même de ces Messieurs qui reçurent quelques coups dans la presse.

» La Princesse, qui fut avertie de ce désordre, manda en diligence les Ducs pour
aviser ce qu'on avait à faire. On ne jugea
pas à propos qu'eux ni elle allassent au
Palais pour tâcher de l'apaiser, parce qu'il

arriverait de deux choses l'une : ou que le peuple se retirerait à leur prière, ou qu'il désobéirait; s'il faisait le premier, le Parlement jugerait de leur pouvoir sur le peuple; si au contraire il s'obstinait au second, le Parlement croirait qu'ils n'auraient pas agi de bonne foi, et qu'on ne continuerait la violence que parce qu'ils le voudraient bien. Le duc de Bouillon, qui ouvrit cet avis, l'appuya de telle sorte, que nous y donnâmes tous les mains; et la Princesse me commanda d'y aller, et de faire tout ce qui me serait possible pour pacifier toutes choses.

» Plusieurs qui ont écrit des troubles de ce temps-là, disent que le duc de Bouillon avait excité celui-ci. Chacun le croyait à Bordeaux, quand il arriva; et encore aujourd'hui la plupart de cette ville-là, le tien-

nent pour une chose bien assurée. Je n'en
sais rien, et peux bien assurer que si la
chose est ainsi, la Princesse ni moi n'en
eûmes aucune connaissance; et encore que
l'on voit peu de séditions de peuples qui ne
soient excitées par des gens qui sont inté-
ressés à l'affaire, j'ai toujours cru que ce
Duc n'avait aucune part à celle-là. Quoiqu'il en soit, j'allai au Parlement. La populace, qui me vit arriver d'assez loin, se
mit à crier fortement : *Vivent le Roi et les
Princes !* et se mit en haie l'épée à la main,
depuis la rue jusque dans la grand'chambre pour me faire passage, et ils juraient
tous qu'ils périraient pour le service de la
Princesse, et ne sortiraient point de là, que
le Parlement ne lui eût donné une satisfaction tout entière. Je leur disais en passant
que j'allais là de sa part pour tout ajuster,
et que je ne doutais pas d'en venir à bout ;

mais que la Princesse les priait, par toute
l'amitié qu'ils lui avaient promise, de ne
faire aucun désordre, et qu'ils se retirassent
chacun en leur logis ; ce que je ne pus jamais obtenir.

» J'entrai dans la grand'chambre, où je
trouvai tous les conseillers levés hors de
leurs places, en grand désordre et outrés
de colère. D'Affis, à qui la peur avait fait
perdre la tramontane, courait comme un
furieux. D'abord qu'il m'aperçut, il vint à
moi, et, avec des blasphèmes horribles, me
dit qu'ils étaient en état de se voir égorger
par l'ordre de ceux pour qui ils avaient fait
des pas que jamais Compagnie souveraine
n'avait faits ; mais qu'ils sauraient bien
maintenir leur autorité, malgré tous ceux
qui voudraient la renverser. La plupart des
autres s'amassèrent autour de moi, et me

disaient la même chose avec une telle confusion, qu'à peine pouvais-je distinguer ce
qu'ils me disaient.

» Je les laissai quelque temps sans leur
répondre; mais enfin, les voyant un peu
rassis, je leur dis que j'espérais des remer-
ciements d'eux, plutôt que des injures,
puisque, par ordre de la Princesse, j'avais
risqué ma vie pour venir les secourir;
qu'elle, ni les Ducs n'avaient pas jugé à propos de se rendre au Parlement, ne sachant
si eux l'auraient agréable; qu'ils m'en-
voyaient savoir leur volonté dans la conjoncture présente, et qu'ils l'exécuteraient à
l'heure même, de si bonne façon, qu'ils perdraient l'injuste créance qu'ils me témoignaient avoir; et que je m'étais volontiers
chargé de cette commission, quelque péril-
leuse qu'elle fût; que je l'avais prise au-

tant par inclination que par devoir, ayant
l'honneur de porter la même robe qu'eux,
et celui d'avoir place dans le conseil d'Etat;
que je les suppliais comme tels, et comme
envoyé de la Princesse, de me dire avec
franchise ce que je pouvais faire pour leur
satisfaction et pour leur service.

» Ces Messieurs m'ayant remercié et in-
sinué qu'ils n'avaient autre chose à souhaiter sinon de voir retirer le peuple, pour
pouvoir ensuite opiner avec liberté, je pris
congé d'eux; et, en sortant de la chambre,
je dis tout haut que tout était accommodé
au contentement de la Princesse. Je les
obligeai tous à remettre l'épée au fourreau,
et fis tout mon possible pour les obliger à
me suivre; mais voyant leur obstination à
ne point sortir de là, je m'arrêtai sur le perron du Palais, où je les haranguai assez

longtemps. Je leur dis tout ce dont je me
pus aviser pour leur faire quitter prise. La
plupart et les plus raisonnables me suivirent jusqu'à la maison de la Princesse;
mais il demeura encore plus de trois mille
hommes dedans et aux environs du Palais,
que ceux qui m'avaient suivi vinrent rejoindre en diligence, quelque soin que je
pusse prendre pour les en empêcher; de
sorte que le désordre ayant recommencé
plus fort qu'auparavant, la Princesse, qui
sut par moi tout ce que je viens de dire, résolut, par l'avis des Ducs, d'aller elle-même
au Palais, sans autre suite que d'un écuyer,
de ses filles et de moi. Elle trouva les choses au même état que je les avais trou-
vées, et Messieurs du Parlement, dans la
même confusion et dans la même colère.
Les acclamations du peuple redoublèrent
à sa présence, aussi bien que les plaintes
du Parlement.

» Elle leur parla efficacement; et il faut
avouer qu'elle avait un talent si particulier
pour parler en public, quand elle était
échauffée de quelque intérêt pressant,
comme en cette rencontre, que rien ne pouvait être mieux, plus à propos, ni plus
conforme à sa qualité que ce qu'elle disait.
Après leur avoir parlé longtemps sans pouvoir les obliger à prendre résolution sur
une affaire d'une telle conséquence, enfin
elle dit de fort bonne grâce : « Je vois bien,
Messieurs, ce dont vous avez envie ; vous
voulez que je fasse retirer la populace, et
que je vous tire du péril auquel vous êtes ;
et la petite vanité gasconne vous empêche
de m'en prier. » Et comme quelques-uns se
prirent à rire : « Bien, bien, Messieurs, je
vous entends ; je m'en vais y faire mon
possible. Si j'y réussis, vous direz que votre
autorité en serait bien venue à bout sans

moi; et si je n'en peux pas venir à bout,
vous ne manquerez pas de croire que je
n'ai ici de crédit que ce que vous m'en donnez.» Achevant ces mots, elle voulut sortir;
mais en vain, car le peuple l'en empêcha,
criant que le Parlement était composé de
traîtres pour la plupart, et qu'il ne fallait
point qu'elle sortit qu'elle n'eût satisfaction. Elle eut beau leur dire qu'elle l'avait
tout entière, il n'en fut autre chose; elle fut
contrainte de rentrer. Dans cette entrefaite,
l'on vint dire que le jurat de Pontac-Beautiran avait armé tout ce qu'il avait pu de
monde; et par un ordre que le Parlement,
dont il était greffier en chef, lui avait envoyé, il marchait pour le secourir. La Princesse prit son temps; elle contraignit le
peuple de la laisser sortir à force de prières,
et ayant passé à travers deux mille épées
nues, jusque sur le perron d'où elle vit venir

et faire une décharge à la milice de Pontac ;
mais toute criant *Vivent le Roi et les Princes!* elle cria pour lors : *Qui m'aimera, me
suive !* et défendant de tirer de part et d'autre, elle se mit en marche. Chacun la suivit,
lui donnant mille bénédictions par les rues,
jusqu'en son logis ; elle fit ainsi cesser le
désordre, sans qu'il y eut que deux hommes
tués. »

—

C'est aux jours de ces scènes de désordre
que parvint la nouvelle du départ du Roi,
de la Régente et de Mazarin, pour une expédition en Guienne et la soumission de Bordeaux. Elle fut diversement accueillie ; les
uns n'eurent qu'un redoublement de haine
contre Mazarin ; les autres, au contraire,
en conçurent l'espoir d'une pacification

prochaine et plus facile. Le Parlement était
en permanence; il multipliait ses arrêts,
redoublait ses remontrances, excitait le
zèle et la vigueur de ses députés à Paris,
déclarait Mazarin auteur de tous les maux
et ennemi public, dominait les jurats et
commandait enfin dans une ville où s'agi-
taient divers partis et que menaçaient les
longueurs et les désastres d'un siège.

« Les compagnies souveraines se renfer-
ment dans les règles de leurs formalités,
quand l'espérance d'accroître leur autorité,
ou la crainte de la voir entièrement abattue
ne leur fait pas franchir les bornes qu'elles
leur prescrivent; mais quand, par l'un ou
par l'autre de ces principes, elles ont commencé à quitter leur chemin ordinaire, elles
se portent facilement à de grandes extrémités, parce que ceux qui ont le plus de

prudence ne prévalent pas pour l'ordinaire
en nombre, et qu'ils sont considérés comme
suspects, quand ils veulent s'opposer aux
délibérations trop hardies, qui, dégénérant
pour la plupart en une espèce d'attentat
contre l'autorité du souverain, portent ceux
qui en ont été les auteurs à tout entreprendre, croyant que c'est l'unique moyen d'é-
viter les châtiments dont ils sont menacés.

» Nous avons vu la preuve de cette vérité
en tant de rencontres, particulièrement
dans tous les troubles qui ont agité la
France en divers temps, qu'il serait inutile
d'en rapporter ici des exemples; aussi ne
parlerai-je que du Parlement de Bordeaux.
La première guerre qu'il entreprit, les années 1648 et 1649, n'eut point de fonde-
ment que de maintenir son autorité et d'é-
viter la peine qu'il appréhendait de l'indi-

gnation du Roi, pour avoir poussé trop avant le duc d'Epernon; ce qui le fit aller jusqu'à mettre une armée sur pied, donner des combats, et assiéger et prendre, comme il fit, le Château-Trompette. La gloire de donner sûreté et protection à une Princesse et à un Prince du sang, l'engagea dans celle-ci; la crainte de la violence du peuple le fit aller plus avant qu'il ne pensait, et l'appréhension de se voir exposé à la vengeance du Roi, le porta à soutenir un siège contre ses armes et en sa présence, comme je dirai en son lieu. »

—

Le Roi approchait. Le 25 juillet, le Parlement reçut une lettre par laquelle Sa Majesté l'avertissait de sa marche sur Bordeaux, et lui ordonnait de députer vers elle. Il délibéra des remontrances et rendit un arrêt, qu'une assemblée de l'Hôtel-de-Ville était chargée d'exécuter, contre les personnes qu'on appelait déjà les *suspects*. Boucaut Le Rousseau, (*) et Tarangue en étaient les promoteurs. Onze conseillers furent désignés; mais ils continuèrent à siéger, au grand mécontentement des frondeurs, qui ne songeaient pas que cette minorité était assez nombreuse pour suggérer à Mazarin l'idée d'un autre Parlement.

Quand le Roi fut à Libourne, le Parlement se décida, et députa le président Pichon, les conseillers Pommier-Françon, Suidiraut et Grimante, président aux requêtes, pour aller le saluer; mais avec défense très ex-

---

(*) Il y avait deux MM. de Boucaut dans le Parlement. Pour les distinguer, on les nommait, l'un Boucaut Le Noir, et l'autre Boucaut Le Rousseau. Celui-ci seul était frondeur et frondeur exalté.

presse de voir le Cardinal et d'avoir aucune
communication avec leur premier président
et Lavie, Constant et autres, qui étaient à
la suite de la Cour. Le corps de ville envoya
Pontac-Beautiran et Le Blanc, syndic. (*)
Le président Pichon dit de belles paroles
qui ne concluaient pas. La réponse fut
douce et capable de les convier à quelque
repentir. Elle fut remise par écrit. Elle faisait savoir aux Bordelais « que le Roi était
assez bon pour leur pardonner et leur donner l'amnistie dont ils avaient besoin pour
effacer le crime de leur rébellion ; mais qu'il
voulait savoir, avant que de traiter avec
eux d'aucune chose, s'ils voulaient recevoir le Roi comme leur maître, avec la
dignité et la sûreté requises à sa personne,
ou maintenir contre lui les ducs de Bouillon
et de Larochefoucauld, déclarés criminels

(*) Fils du conseiller Le Blanc de Mauvezin.

de lèse-majesté par tous les Parlements. (*)

Les députés du Parlement firent leur
rapport, qui penchait à un rapprochement.
On allait délibérer dans ces dispositions
pacifiques, lorsqu'un incident fit changer
tout à coup les avis. Le bruit se répandit
de la prise du château de Vayres, et son
commandant, nommé Richon, qui s'était
rendu à discrétion, venait d'être pendu sous
la halle de Libourne. Si, par cet acte, le
maréchal de La Meilleraye et le cardinal
Mazarin, auquel on l'imputait, croyaient
intimider les Bordelais, son inhumanité
produisit un effet tout contraire. Les esprits,
qui commençaient à chanceler, se réunirent
pour le flétrir et s'en venger. Les frondeurs
et leurs chefs ne manquèrent pas de tirer
parti de cet évènement.

(*) Madame de Motteville.

« La Princesse assembla son conseil où
étaient les Ducs, les lieutenants généraux
et maréchaux de camp de l'armée, les conseillers Blanc Mauvezin, de Remond, d'Espagnet, Mirat, députés du parlement, et
les jurats. On y agita amplement la ma-
tière ; les raisons de part et d'autre y furent
balancées ; enfin il fut conclu, tout d'une
voix, que pour faire voir la fermeté du parti,
pour ôter toute espérance au Cardinal de
le fléchir par la rigueur, pour apaiser la
clameur publique, pour témoigner aux Bordelais le désir de venger le sang de leurs
compatriotes, et, en un mot, pour les en-
gager à soutenir la guerre par un coup hardi
et vigoureux, on résolut de faire pendre
Canolle, capitaine dans le vieux régiment
de Navaille, qui avait été pris longtemps
auparavant dans l'île Saint-Georges, quand
elle fut forcée par nos gens. Le sort tomba

sur ce malheureux gentilhomme plutôt que
sur les autres qui étaient dans le château
du Hâ, de même qualité, parce que le Parlement avait déjà fait quelque proposition
de le faire mourir, comme ayant été, disait-il, l'un des premiers infracteurs de la
paix que le Roi leur avait accordée, l'année précédente.

» Ce jugement vraiment militaire tirait à
de grandes conséquences. Je les représentai
en disant mon avis ; et pour le rendre plus
solennel et plus universellement approuvé,
je proposai d'appeler au conseil, avant que
de l'éxécuter, tous les commandants des
corps, les trente-six capitaines de la ville,
les lieutenants et les enseignes. On les
manda sur le champ, et étant entrés, la
Princesse me commanda de leur dire, comme je fis, les raisons qu'elle avait eues de

7

les appeler, et celles qui avaient mû le
conseil à condamner Canolle, et d'en sur-
seoir l'exécution, jusqu'à ce qu'ils eussent
dit leurs avis pour le faire ou ne le faire pas,
puisque le péril des représailles que pourraient faire les généraux de l'armée du Roi
les regardait, à cause de celui auquel ils
s'exposaient tous les jours. Ils opinèrent
l'un après l'autre, avec des paroles si em-
portées contre le cardinal Mazarin, auquel
seul ils attribuaient la mort de Richon,
quoique nous ayons su depuis que la seule
obstination du maréchal de la Meilleraye
l'avait causée, que je n'ai de ma vie rien
vu ni ouï de semblable, et en demandant
tous unanimement la mort de cette victime
publique, ils inventaient des supplices
nouveaux pour les lui faire souffrir.

» Il fut donc ordonné que ce jugement,

qui fut fait sans écriture, sans ouïr le prisonnier, ni sans figure de procès, serait
exécuté sur le champ. La princesse voulut
le différer au lendemain pour en donner
part au Parlement; mais l'emportement du
peuple fut si grand, qu'il ne lui fut pas
possible d'en venir à bout. »

—

Jusqu'ici les affaires de la Fronde paraissaient prospères, si on ne les jugeait
qu'à la surface et par l'habileté des chefs à
les conduire, par la violence des passions
et le tumulte de la rue. Mais les embarras
étaient grands dans le sein du conseil. Les
finances étaient rares, les taxes pénible-
ment levées en des pays très limités.
Trompé par Ozorio et Watteville, déçu des
espérances espagnoles, il était réduit aux
expédients et aux emprunts personnels,

pour la garantie desquels les diamants de
la Princesse étaient remis en gage. Il lui
fallait suivre et surveiller des intrigues,
envoyer des messages et reçevoir les com-
munications d'agents secrets ou de diplo-
mates avoués, qui cherchaient à concilier
ces deux préliminaires extrêmes de la paix ;
d'un côté, la délivrance préalable des Princes ; de l'autre, la préalable soumission de
Bordeaux.

Mais la guerre a ses exigences ; et comme
malgré l'avis de quelques conseillers, un
arrêt de négociation ne put pas passer au
Parlement, on apprit bientôt que les troupes du Roi allaient attaquer Bordeaux par
La Bastide.

En effet, le 23 août, « le maréchal de la
Meilleraye marcha vers le Cypressat et se

mit en bataille. L'alarme en fut bientôt por-
tée dans la ville ; chacun reprit sa première
vigueur, et l'on criait à haute voix contre le
cardinal. On redoubla la garde de La Bastide. Les ducs de Bouillon et de Larochefoucauld, qui y allèrent en diligence, y furent suivis de quantité d'officiers du Parlement et de bourgeois armés. On y tint conseil de guerre, dans lequel tous les Bordelais proposèrent d'aller aux ennemis. Mais
comme le duc de Bouillon leur représenta
qu'il y avait entre eux et nous un grand
fossé, qu'en langage du pays on appelle un
*estey*, qui se remplit d'eau en haute marée,
il les fit consentir à les attendre de pied
ferme, pendant qu'on travaillerait nuit et
jour à mettre La Bastide en meilleur état
qu'elle pût être. »

Le cardinal Mazarin vint à Cenon, pour

reconnaître les lieux du haut du Cypressat.
Il jugea que l'attaque de La Bastide, quand
elle réussirait, n'était pas d'une grande
utilité pour celle de Bordeaux, et l'armée eut
ordre de descendre vers Lormont et sur
Bourg, où logerait la Cour, afin de passer
la rivière sans être inquiétée, et de se porter sur la ville, par le faubourg Saint-
Seurin.

Dès que ce projet fut connu, on se hâta
de s'occuper des fortifications et des travaux
de défenses sur le point menacé. Les Bordelais s'y portèrent avec le plus enthousiaste empressement. Les dames elles-
mêmes s'y rendirent avec des paniers pour
aider à transporter des terres, et la Princesse les encourageait souvent de sa présence et de son concours. « Les ducs de
Bouillon et de Larochefoucauld, qui tra-

çaient et conduisaient les travaux, réga-
laient les dames de fruits et de confitures,
et les ouvriers, de vin. Le jeune duc allait
de l'un à l'autre sur un petit cheval, et faisait crier, partout où il passait : *Vivent le
Roi et les Princes ! et f... du Mazarin !* »

La défense des Bordelais contre les troupes du roi fut héroïque et est encore célèbre.
Les travaux informes, si précipitamment
élevés à la Porte-Dijeaux et auxquels on
donnait le nom de demi-lune, arrêtèrent
l'ennemi pendant treize jours, sans qu'il
lui fût possible de les détruire et de s'en
rendre maître. Cette demi-lune, « cependant, n'était qu'un amas de beton et d'im-
mondices qui, par succession de temps,
avait presque couvert, et, pour ainsi dire,
enterré la Porte-Dijeaux. On avait taillé le
devant de cette hauteur en forme de demi-

lune. Ce travail n'avait pas plus de six
pieds d'élévation; on n'avait pas eu le temps
de le fossoyer, et on y avait fait un parapet
de barriques remplies de terre... »

Mais pour donner une idée complète de
ce siège et de cette défense de Bordeaux,
nous croyons devoir abandonner les notes
un peu cursives de Lenet, en cette partie,
pour leur substituer la relation historique
qu'en a laissée le duc de Larochefoucauld,
en vaillant homme de guerre et en bon
écrivain.

« On se hâta de faire un fort de quatre
petits bastions à La Bastide, vis-à-vis de
Bordeaux, de l'autre côté de la rivière. On
travailla aussi avec soin aux autres fortifications de la ville. Mais bien qu'on repré-
sentât aux bourgeois qui avaient des mai-

sous dans le faubourg de Saint-Seurin, qu'il serait attaqué le premier, et qu'il était capable de loger toute l'infanterie du Roi, ils ne voulurent jamais consentir qu'on en brûlât ou qu'on en fît raser aucune. Ainsi, tout ce qu'on put faire fut d'en couper les avenues par des barricades, et d'en percer les maisons. On ne s'y résolut même que pour contenter le peuple, et non pas pour espérer de défendre un lieu de si grande garde avec des bourgeois et par le peu de troupes qui restaient; lesquelles ne montaient pas à sept ou huit cents hommes de pied et trois cents chevaux. Néanmoins, comme on dépendait du peuple et du Parlement, il fallut les satisfaire contre les règles de la guerre, et entreprendre de défendre le faubourg de Saint-Seurin, bien qu'il fût ouvert de tous les côtés. La porte de la ville qui en est la plus proche est celle de Di-

jeaux ; elle fut trouvée si mauvaise, parce
qu'elle n'est défendue de rien et qu'on y
arrive de plein pied, qu'on jugea à propos
de la couvrir d'une demi-lune. Mais comme
on manquait de tout, on fut contraint de se
couvrir d'une petite hauteur de fumier, qui
était devant la porte, laquelle étant escar-
pée en forme d'ouvrage à cornes, sans parapet et sans fossé, se trouva néanmoins
la plus grande défense de la ville.

» Le Roi étant demeuré à Bourg, le cardinal vint à l'armée. Elle était de huit mille
hommes de pied, et de près de trois mille
chevaux. On y résolut d'autant plus tôt
d'attaquer le faubourg de Saint-Seurin, que
n'y ayant que les avenues de gardées, on
pouvait sans péril gagner les maisons, entrer par là dans le faubourg, et couper
même ceux qui défendaient les barricades

et l'église, sans qu'ils pussent se retirer
dans la ville ; on croyait, de plus, que la
demi-lune ne pouvant être défendue, on se
logerait dès le premier jour à la porte de
Dijeaux.

» Pour cet effet, le maréchal de La Meilleraye fit attaquer, en même temps, les
barricades et les maisons du faubourg, et
Palluau avait ordre d'y entrer par le palais
Gallien, et de couper, entre le faubourg et
la ville, droit à la demi-lune ; mais n'étant
pas arrivé dans le temps que le maréchal
de La Meilleraye fit donner, on trouva plus
de résistance qu'on n'avait cru. L'escarmou-
che avait commencé dès que les troupes du
Roi s'étaient avancées. Ceux de la ville
avaient mis des mousquetaires dans des
haies et dans des vignes qui couvraient le
faubourg. Ils arrêtèrent d'abord les trou-

pes du Roi avec une assez grande perte. Coupes, maréchal de camp, y fut blessé, et plusieurs officiers tués. Le duc de Bouillon était dans le cimetière de l'église Saint-Seurin, avec ce qu'il avait pu faire sortir de bourgeois pour rafraîchir les postes.

» Le duc de Larochefoucauld était à la barricade où se faisait la principale attaque, et après qu'elle eut enfin été emportée, il alla joindre le duc de Bouillon. Beauvais, Chanterac et le chevalier Todias y furent faits prisonniers; le feu fut très grand de part et d'autre; il y eut cent ou six vingts hommes tués du côté des Ducs, et près de cinq cents de celui du Roi. Le faubourg néanmoins fut emporté; mais on ne passa pas plus outre, et on se résolut d'ouvrir la tranchée pour prendre la demi-lune. On fit aussi une autre attaque par les allées de l'Archevêché. J'ai déjà dit qu'il n'y avait point de fossé à la demi-lune ; de sorte que pouvant être emportée facilement, les bourgeois n'y voulurent point entrer en garde, et se contentèrent de tirer de derrière leurs murailles.

» Les assiégeants l'attaquèrent trois fois avec leurs meilleures troupes, et à la dernière ils entrèrent même dedans ; mais ils en furent repoussés par le duc de Larochefoucauld, qui y arriva avec ses gardes et ceux de M. le Prince, dans le temps que ceux qui défendaient la demi-lune avaient plié, et en étaient sortis. Trois ou quatre officiers de Noailles furent pris dedans, et le reste fut tué ou chassé. Les assiégés firent trois grandes sorties, à chacune des quelles ils nettoyèrent la tranchée et brulèrent le logements des assiégeants. La

Chapelle-Biron, maréchal de camp des troupes du duc de Bouillon, fut tué à la dernière. Enfin, après treize jours de tranchée ouverte, le siège n'était pas plus avancé que le premier jour. Mais comme il y avait trop peu d'infanterie dans Bordeaux, sans les bourgeois pour relever la garde des postes attaqués, et que ce qui n'avait point été tué ou blessé était presque hors de combat à force de tirer, et par la fatigue de treize jours de garde, le duc de Bouillon les fit rafraîchir par la cavalerie, qui mit pied à terre; et lui et le duc de Larochefoucauld y demeurèrent, les quatre ou cinq derniers jours, sans en partir, afin d'y retenir plus de gens par leur exemple. »

Lenet ajoute quelques faits à la relation qu'on vient de lire. Nous citons les deux suivants comme caractéristiques des mœurs du temps et de certains esprits gascons.

Dans une sortie que la Princesse vit du haut d'une tour voisine, un jeune homme, nommé Viger, fut tué. Il était fils d'un conseiller et plein d'esprit et de courage.

« Une belle dame de qui il portait, ce jour-là, les couleurs en ses plumes et en sa petite oye, qui voyait la sortie assez près de la Princesse, au premier bruit confus qui vint qu'il était blessé, tomba évanouie. Il fallut la porter en son lit, où la considération de son mari et de sa famille ne l'empêcha pas de pleurer amèrement sa mort pendant plusieurs jours, en sorte qu'elle en devint dangereusement malade. »

Et il raconte que des paysans des Graves

et des Palus amenaient, tous les matins, quantité de prisonniers qu'ils faisaient dans leurs digues et dans leurs landes; et comme les soldats de l'armée du Roi se débandaient pour aller à la picorée, ils se mettaient en embuscade et en tuaient beaucoup. Je ne puis m'empêcher, ajoute-t-il, de rapporter un ordre que donna le capitaine de Caudéran. Cet ordre portait défense de tirer désormais sur d'autres que sur des cavaliers de Mazarin, attendu, disait-il, qu'un fantassin ne valait pas la charge d'un fusil.

—

A l'activité de la guerre se joignait l'activité des négociations pour la paix. Des propositions de toutes sortes étaient faites et se croisaient sans cesse entre Mazarin,

le Parlement et Lenet, au nom de la Princesse et des Ducs. Des gentilshommes, des
ecclésiastiques, des magistrats, de nobles
dames s'y employaient. Le duc d'Orléans
y intervint par des envoyés de Paris. Tout
était intrigue dans le Parlement, dans la
bourgeoisie et parmi les frondeurs.

La difficulté irritante était toujours la
liberté des Princes, sur laquelle Mazarin
gardait de s'expliquer, tout en donnant des
espérances.

Cependant, le Parlement, penchant de
jour en jour vers la paix, résolut d'envoyer
une députation à la Cour. Elle se composait
du président de La Tresnes, de Pommiers-
Françon et de Maraut. Le choix de ces
trois hommes modérés, que Mazarin connaissait, lui indiquait assez le but de la

mission dont ils étaient chargés. La Princesse sollicita d'y faire adjoindre Le Blanc
de Mauvezin et d'Espagnet, tous deux frondeurs, et dans ses intérêts. La ville députa
en même temps Fougues, bourgeois, et
Dalon, avocat, avec le procureur syndic,
fils de Le Blanc de Mauvezin.

Ces députés obtinrent une trève de dix
jours. « Les uns la reçurent agréablement,
parce qu'ils ne doutaient pas qu'elle ne fût
suivie de la paix qu'ils souhaitaient ardemment ; les autres blâmaient l'une parce
qu'ils appréhendaient l'autre. Les bas officiers étaient bien aises que cela donnât
lieu aux troupes qui étaient fort fatiguées,
de se reposer ; les généraux craignaient
que les soldats ne désertassent ; les gens
neutres étaient ravis, dans l'espérance de
voir finir un aussi grand désordre que ce-

lui qu'on voyait dans leur ville depuis longtemps. Tous ceux qui ne songeaient qu'à la liberté des Princes mouraient de peur de voir conclure un traité sans l'obtenir ; et tous les gens affectionnés purement à l'Etat avaient douleur de voir que l'on obligeait le Roi de conclure malgré lui et sans la participation de son ministre, une paix avec ses propres sujets (*). »

Ceux qui croyaient à un traité après la trève, avaient raison. Tous les esprits se tournaient enfin vers la paix, malgré les efforts contraires de Lenet, des Ducs et des frondeurs. « J'eus beau prôner et m'inquié-

---

(*) Lenet qui, d'habitude, est très franc et très clair, nous met, pour notre compte, ici dans l'embarras Nous ne comprenons pas ce *traité conclu malgré le Roi et sans la participation de son ministre*, à moins que les *regrets* dont il parle ne se portent sur la personne du prince de Condé, *membre* du conseil de régence, mais non ministre. Dans ce cas même, nous ne le comprendrions pas mieux. La netteté du style vient de la netteté de position.

ter, dit Lenet, tout était dans une léthargie
telle que rien ne touchait plus les cœurs.
Ceux qui avaient paru les plus affectionnés, demeuraient dans le silence et ne
respiraient que la paix et la liberté de
faire leurs vendanges, saison en laquelle
Bordeaux cesse d'être la capitale des Gascons. »

Ce trait de spirituelle humeur contre les
Bordelais, auquel Lenet revient à deux ou
trois reprises, n'amoindrit ni le dévouement
ni le désintéressement de leur conduite à
l'égard de la princesse de Condé! Après dix
mois de guerre, à bout, non de courage,
mais de sacrifices, ils voulurent une paix
qui finît leurs malheurs, en prévint de plus
considérables, et ils confondirent dans sa
poursuite les intérêts des Princes avec leurs
propres intérêts. Elle leur fut donnée à

Bourg, le 1ᵉʳ octobre 1650, par une déclaration du Roi.

» A CES CAUSES, porte-t-elle, après que notre Cour de Parlement et les habitants de notre ville de Bordeaux nous ont rendu toutes les soumissions et obéissances que nous avons désirées d'eux, avec les assurances de leur fidélité à notre service.... Nous voulons et nous plaît qu'amnistie générale soit accordée, comme nous l'accordons, dès à présent, à tous les habitants de notre ville de Bordeaux, de quelque qualité et condition qu'ils soient.... Nous voulons et entendons *qu'ils* soient, sans nul excepter ou réserver, conservés en tous leurs biens, priviléges, honneurs, dignités, prééminences, prérogatives, charges, offices ou bénéfices, en tel et pareil état qu'ils étaient avant la *dite* prise d'armes...

» En conséquence de la dite amnistie, notre cousine, la princesse de Condé, pourra se
retirer, avec notre cousin le duc d'Enghien,
son fils, avec leurs trains composés de
leurs officiers, domestiques et de ceux de
notre cousin le prince de Condé, en l'une
de ses maisons d'Anjou, où elle pourra demeurer en toute sûreté et liberté, et jouir
de tous ses biens et revenus, ensemble
de ceux de notre dit cousin, le prince de
Condé, son mari....

» Les ducs de Bouillon et de Larochefoucauld; les marquis de Sauveboeuf, de Sil-
lery et de Lusignan, Mazerolles, Baas,
Faget, La Mothe, de La Borde, et tous
autres seigneurs et gentilshommes, officiers, soldats ou habitants de notre ville
de Bordeaux..... qui ont pris part aux dits
mouvements, traité ou négocié avec les

Espagnols...... jouiront de ladite amnistie...... »

En même temps que le Roi donnait la
paix et n'exceptait de son pardon aucun
des rebelles qui l'avaient combattu, que
l'Hôtel-de-Ville tenait une assemblée générale et solennelle qui décidait de rendre à
la princesse de Condé les pierreries qu'elle
avait données en gage pour la garantie des
sommes qui lui avaient été prêtées, qu'on
lui ferait remise de ses dettes et qu'on
prendrait pour soi tous les frais non encore
payés de la guerre qui finissait; Lenet, mé-
content de ne pas lire dans le traité la
liberté des Princes pour laquelle, surtout,
le parti s'était armé, voyait ses amis en
secret et jetait avec eux les semences d'une
nouvelle guerre civile, qui se développa,
l'année suivante, sous les plus effroyables

passions, et qui ne fut terminée, sans que
Condé lui-même eût jamais pu ni la domi-
ner, ni la retenir, que par la reddition et la
soumission définitive de Bordeaux, en
1653.

Dès que la déclaration du Roi fut pro-
mulguée, la princesse de Condé fit ses
préparatifs de départ. Elle fut en personne
remercier les conseillers du Parlement et
les jurats, et le 3 octobre, elle quitta Bordeaux dans une galère, accompagnée des
ducs de Bouillon et de Larochefoucauld, de
ses officiers et d'un grand nombre de gentilshommes. La population l'accompagna
sur le rivage, en lui témoignant sa sympa-
thie et ses regrets, y mêlant quelques
imprécations contre le cardinal. « Elle
croyait prendre terre à Lormont et passer à
**Coutras**, où elle avait permission de de-

meurer trois jours, lorsqu'elle rencontra
sur la rivière le maréchal de La Meilleraye,
qui venait la visiter à Bordeaux, et qui,
après les devoirs rendus, lui conseilla de
passer à Bourg pour y voir Leurs Majestés. » Elle s'y décida et fut bien accueillie.
Les Ducs et Lenet, qui y arriva le lendemain, furent également honorés d'une audience et mangèrent chez Mazarin. Ils firent des protestations de dévouement et de
fidélité, en insistant sur la liberté des Princes, à quoi la Reine leur répondit ce qu'elle
avait dit à la Princesse : « Je suis bien
aise que vous connaissiez vos fautes. Vous
voyez bien que vous avez pris une mauvaise voie pour obtenir ce que vous demandez. Maintenant que vous allez en tenir
une toute contraire, je verrai quand et
comment je pourrai vous donner la satisfaction que vous demandez. »

La Princesse continua sa retraite, et le Roi et la Reine s'acheminèrent vers Bordeaux.

« Le voyage se fit fort agréablement, dit Mademoiselle de Montpensier dans ses *Mémoires*. Le temps était le plus beau du monde. Les navires qui étaient venus pour le siège arrivèrent tous, le jour que la paix fut signée. Ils nous accompagnèrent et firent grand feu à notre arrivée à Bordeaux; les canons de la ville y répondirent; toute la cavalerie était en haie au bord de l'eau; elle fit une décharge. Le corps de ville vint haranguer le Roi avant qu'il sortit du bateau. Il y avait sur le quai une foule de peuple incroyable. L'on témoigna grande joie de voir le Roi, et l'on ne dit pas un mot à M. le cardinal Mazarin. L'on craignait que l'on ne criât *au Mazarin*, ce qui eût

été assez bizarre devant le Roi ; ces gens-
là l'avaient pris d'un air à en pouvoir tout
craindre. »

Leurs Majestés logèrent à l'Archevêché,
et Mademoiselle fut reçue chez M. le président de Pontac, dont la femme était sa
parente et sœur de M. de Thou.

L'accueil ne fut pas fait avec la joie publique qui accompagne pour l'ordinaire les
visites de cette nature, dit M^{me} de Motteville. « La ville donna une collation fort
mauvaise et un feu d'artifice de peu de valeur. Le cardinal Mazarin y fut mal vu :
on ne lui fit pas même les compliments
dus à sa qualité de premier ministre, ce que
la Reine sentit comme un outrage fait à
sa personne. »

« Il n'en fut pas ainsi pour Mademoiselle

de Montpensier, qui avait cependant trouvé
le siège de Bordeaux un *siège imaginaire*.
Pour elle « la ville est dans la plus belle
position du monde; elle s'y divertit bien;
rien n'est si beau que la rivière de la Garonne et son port; les rues sont belles et
les maisons bien bâties; il y a de fort hon-
nêtes gens, et forts spirituels, qui sont
néanmoins plus propres à l'exécution que
pour le conseil. Pendant les dix jours que
la Cour y séjourna, ajoute-t-elle, personne
n'allait chez la Reine; et quand elle passait
dans les rues, on ne s'en souciait guère.
Je ne sais si elle avait fort agréable d'entendre dire que ma cour était grosse, et
que tout le monde ne bougeait de chez moi,
pendant qu'il en allait si peu chez elle. »

Ne semble-t-il pas qu'on découvre ici les
premières étincelles de cet esprit ambitieux

et guerrier qui rendit peu de temps après *Mademoiselle* l'héroïne de la Fronde, en prenant Orléans à *elle seule,* et en sauvant Condé, au faubourg Saint-Antoine, par le canon tiré sur les troupes du Roi, du haut de l'Arsenal?

La cour quitta Bordeaux, le 15 octobre, et le Roi reprit la route de Paris, où il allait commencer, du jour de sa majorité prochaine, ce règne glorieux que l'histoire a nommé le siècle de Louis XIV.

# SECONDE PARTIE.

## 1651-1653.

Le temps qui s'écoula, depuis la paix de
Bordeaux jusqu'à la majorité du Roi, fut
rempli d'intrigues et de cabales; le prétexte
était toujours la liberté des Princes et le
renvoi de Mazarin; tout était dans le désordre et dans la confusion. Le Parlement

semblait en délire et continuait ses colères,
tellement, dit Monglat, que ce lieu paraissait plutôt une foire ou une halle qu'un
sénat composé de graves magistrats.

Cependant, pour apaiser ces scènes de
révoltes, la Reine crut devoir se résoudre à
délivrer Condé, et, chose bizarre, Mazarin,
que sa politique tenait éloigné de Paris,
courut de Saint-Germain au Havre et ouvrit
lui-même aux Princes les portes de leur
prison.

La Fronde triomphait; mais la division
ne tarda pas à se mettre dans sa victoire.
Le coadjuteur de Retz était en ce moment
du parti de la Cour, et autant il avait poursuivi Mazarin, autant il s'attaquait au
prince de Condé. L'un et l'autre paraissaient
au Parlement avec des suites armées; des

scènes violentes et burlesques s'y passaient ; le trouble de l'Etat était au comble.

C'est dans ces jours d'anarchie qu'eut lieu, le 6 septembre 1651, la solennité de la majorité du Roi. Condé n'y parut pas. « Il ne se croyait pas en sûreté au milieu d'une Cour qui ne lui était pas amie. » Et le génie de la duchesse de Longueville et ses excitations aidant, il se précipita dans les extrémités (*). Les ducs de Nemours et de Larochefoucauld, Messieurs Viole, Montespan et Lenet se rendirent à Chantilly, près du Prince. « Un conseil fut tenu, et la guerre y fut résolue. » Cette rapide résolution datait sans doute de Bordeaux, où Lenet, en partant, en avait laissé la promesse.

(*) « La princesse de Longueville, qui appréhendait de retourner avec son mari, avec lequel elle était fort brouillée, le poussa plus que tout autre à la guerre. »
                              ( *Mémoires de Monglat* )

Le prince de Condé, qui avait obtenu le gouvernement de Guienne, en échange de son gouvernement de Bourgogne, que la Reine donnait au duc d'Epernon, marcha sur le champ vers Bordeaux, accompagné de nombreux partisans. A Bourges, il désigna ses généraux, délivra des commissions et multiplia ses ordres pour la levée des impôts. Il remit cent mille francs au prince de Conti, autant au duc de Nemours, au duc de Larochefoucauld, au duc de Dognon, gouverneur de Saintonge, à Montespan, à Bourdeille, gouverneur de Périgueux, pour les payer de leurs traités ou de la solde de leurs troupes; monta à cheval et se rendit avec assez de diligence à Bordeaux, évitant la poursuite du comte d'Harcourt, qui se rapprochait de Poitiers.

Il fut reçu de tous les corps de la ville
avec beaucoup de joie, écrit Larochefoucauld, et il est malaisé de dire, ajoute-t-il,
si ces peuples bouillants et accoutumés à
la révolte, furent plus touchés de l'état de
sa naissance que de ce qu'ils le considé-
raient comme le plus grand ennemi du duc
d'Epernon. Les réjouissances populaires
avaient eu plus d'éclat encore à l'arrivée du
courrier Fayart, apportant la nouvelle et
les provisions du titre récent du prince de
Condé. « Fayart marcha par la ville avec
tous les Frondeurs, sur un canon, habillé
en Bacchus. »

Ces commencements étaient heureux
pour Condé : de nouvelles adhésions lui
arrivaient journellement.

« Matha vint de Châteauneuf, et, à son

arrivée, il fut reçu avec des emportements
de joie les plus grands; il fut logé chez le
président de Gourgues.

» Conseil fut tenu avec les Frondeurs, et
on y résolut les arrêts d'union et divers autres qui suivirent les premiers. Le président
Viole, du Parlement de Paris, siégea dans
celui de Bordeaux, et y prit place après le
doyen.

» Les têtes fermentaient, les projets se
succédaient; quelques-uns du Parlement
proposèrent au Prince de se déclarer Duc
de Guienne; mais il les rebuta avec quelque marque de colère. Divers commissaires furent députés sous les intendants de
la contrée.

» Il fallut aussi penser à l'argent. Le

Prince prit deux résolutions qui devaient lui assurer à la fois et l'adhésion du pays et des ressources pécuniaires. Il fit décharger le peuple d'une partie des tailles, et prit des mesures pour assurer les recettes. Du reste, des arrêts du Parlement étaient rendus conformément aux ordres du Prince. »

Dès que toutes ces dispositions furent arrêtées, Lenet partit pour l'Espagne, à l'effet de traiter avec Philippe IV, au nom du prince de Condé. Sa mission ne dura que peu de jours, car la négociation était depuis longtemps entamée. L'alliance fut signée. L'histoire apprend que Condé ne trouva dans cet appel, ni du bonheur dans ses affaires, ni de la gloire dans ses combats, comme si l'oubli de son devoir eût enlevé quelque chose à son génie.

Le traité de Madrid appelait les Espagnols en Guienne, et pendant que Lenet revenait à Bordeaux, le baron de Watteville, « maistre-de-camp général des armées du roi catholique et général de son armée navale, » entrait en rivière avec une flotte de huit vaisseaux et de quelques brûlots. Elle fut postée à Talmont, où le Prince avait mis quinze cents hommes d'infanterie.

Condé, qui était maître de tout le littoral, résolut le siège de Cognac : « Le comte d'Harcourt, qui survint, força de le lever, après avoir battu le corps de troupes retranché dans son faubourg et à la vue du Prince qui s'était rendu de Bordeaux au camp avec le duc de Nemours ; ils étaient tous deux sur l'autre rive de la Charente, témoins inutiles de cette action, le pont de bateaux ayant été rompu. »

Quelques jours avant cet échec, où le comte d'Harcourt fit huit cents prisonniers, l'approche de la rentrée du Parlement avait rappelé le Prince à Bordeaux. Les vœux des habitants avaient également sollicité sa présence par la lettre suivante des notables, d'un style si malheureusement remarquable, qu'il fait voir que nos pères avaient, eux aussi, dans leur rebellion, considérablement perdu de leur esprit :

« MONSEIGNEUR,

» Bien que nos magistrats, qui sont les vrais truchements de nos cœurs et de la voix publique, aient fait entendre à Votre Altesse l'excès de la douleur, de la crainte et de l'impatience dont nos esprits ont été en même temps agités par le retardement de votre heureuse arrivée en cette ville, ou

par les conspirations qu'on fait à tous moments sur votre personne; toutefois, notre
émotion est trop forte pour ne pas témoigner, chacun en particulier, de même
qu'on a fait en général, ce que peuvent sur
nos âmes des passions si raisonnables,
puisque Votre Altesse a acquis, chez nous,
la qualité de père du peuple, avec tant de
justice. Hâtez-vous donc, Monseigneur,
de voir ce digne ouvrage de vos mains
assuré de votre illustre personne, Votre
Altesse et nos esprits, puisque l'air que
nous respirons n'est pas plus nécessaire à
notre conservation que nos benins respects,
et que cette Garonne a la propriété de rendre les grands Achilles invulnérables.
Venez, Monseigneur, recevoir l'hommage
de nos cœurs et de nos libertés, dont nous
serons éternellement tributaires à Votre
Altesse, avec les solennelles protestations

que nous faisons de demeurer inséparable-
ment unis pour les intérêts, de n'avoir de
vie, ni de biens, et ne garder de sang dans
nos veines que pour l'employer au bien de
votre service : vivre et mourir, Monseigneur, de Votre Altesse, les très humbles,
etc.

» *P. S.* — Monseigneur, il vous plaira
donner créance à ce que vous dira le sieur
Tillars, présent porteur, qui a l'honneur
d'être connu de Votre Altesse. »

Condé ne resta pas longtemps à Bordeaux. Deux mois n'avaient pas suffi pour
refroidir l'enthousiasme de la ville et modé-
rer les aspirations de son élan guerrier,
quoique l'appel à l'étranger et l'intervention
de la flotte espagnole eussent déjà donné
jour à de patriotiques regrets.

Il rejoignit ses troupes de Saintonge,
qu'il trouva renforcées de plusieurs régiments, sous le commandement de deux
nouveaux généraux, dont il appréciait le
savoir, le dévouement et la valeur : le
comte de Marchin, qui abandonnait le gouvernement de Barcelonne pour répondre à
son appel et suivre sa fortune, et Balthasard, d'un courage universellement estimé. (*)

Mais toujours contenu ou harcelé par le
comte d'Harcourt, il parcourait tout le pays
depuis La Rochelle jusqu'à Périgueux. Il

---

(*) Ce résumé des *Mémoires* de Lenet ne peut pas contenir le
récit des faits de la guerre de Guienne, hors des murs de Bordeaux. J'en ai dit la raison dans la première partie. Lenet, d'ailleurs, est sobre de détails militaires : il était agent et conseiller
du prince de Condé et ne jugeait point ses batailles. Balthazard,
dans son *Histoire de la guerre de Guienne*, fait le récit de dix
combats et de quarante-huit sièges, depuis le mois de novembre
1651, jusqu'à la reddition de Bordeaux en juillet 1653. C'était
beaucoup trop pour mon court opuscule.

poussa jusqu'à Agen, qu'il ne put conserver, et d'où il prit résolution de rejoindre
l'armée et les frondeurs de Paris. Il laissa
Marchin et Lenet auprès du Prince de Conti, et choisit pour l'accompagner le duc de
Larochefoucauld, le prince de Marcillac,
son fils, quoique fort jeune, ainsi que le
marquis de Levis, le comte de Chavagnac,
Guitaut, Bercenet, capitaine des gardes de
M. de Larochefoucauld, Gourville et Ro-
chefort, valet de chambre de Son Altesse
Sérénissime (*). Le duc de Nemours l'avait
précédé; ce prince devait bientôt trouver
une fin malheureuse dans ses querelles
personnelles avec le duc de Beaufort, son
beau-frère.

Ils partirent avec des chevaux de louage

(*) *Mémoires* de Larochefoucauld, *Mémoires* de Gourville.
« Gourville, homme d'esprit et d'expédient. »
                              *(Madame de Motteville.)*

et des habits d'emprunt, du château de
Lanquais, appartenant au président de
Gourgues, sur les confins du Périgord. La
route fut semée de périls, et ne se fit pas
sans fatigues; mais enfin, le prince arriva,
et trouva Turenne à la tête des troupes du
Roi.

« Lenet avait d'abord été destiné à faire
le voyage de Paris. Mais le duc de Larochefoucauld avait raconté au Prince, qu'a-
près qu'ils eurent tous signé l'union avec
lui, ils en avaient signé une autre pour être
toujours d'un même sentiment contre lui,
afin d'être maîtres de la paix, quand on la
ferait. Cette confidence changea les dispositions premières du Prince. Il rappela
Viole, qu'il envoya sous le prétexte de
traiter de la paix, le cas échéant; et, dès
lors, Lenet demeura chargé, non seule-

ment des affaires qui regardaient l'exécution du traité qu'il avait fait avec l'Espagne, mais encore de toutes les autres affaires de la Guienne. » Voici la lettre qu'il
reçut du Prince, peu de jours après son
entrée dans Paris.

« A Monsieur Lenet,

» Je vous remets à M. le président Viole,
pour savoir mes sentiments sur la conjoncture présente des affaires de Guienne et de
Paris, et vous prie de demeurer toujours à
Bordeaux, jusqu'à ce que vous ayez de mes
nouvelles pour vous rendre près de moi.
Cependant ne cessez, je vous prie, de
continuer vos soins pour mes intérêts et
pour le bien du service, en toutes rencontres, et croyez que je serai toujours très

reconnaissant des marques que vous me
donnez de votre affection.

» Louis de Bourbon.

» A Paris, le 24 Avril 1652. »

Le Prince, en laissant Lenet et Marchin
auprès du prince de Conti et de la duchesse
de Longueville voulait, à la fois, un général habile pour commander ses troupes, et
un homme capable et dévoué pour conseiller et pour surveiller sa famille, car l'intelligence n'y était plus établie. Nous lais-
sons parler ici Madame de Motteville : « Le
prince de Condé ne trouvait pas en la duchesse de Longueville, quoiqu'elle fut sa
sœur, une sûreté tout entière, et le prince
de Conti, peut-être pour l'aimer trop, la
haïssait quelquefois ; car, voulant qu'elle le
préférât à tout le monde, il avait de la peine

à voir qu'il n'avait pas assez de part dans ses secrets. Ces différents sentiments, à ce que m'ont dit ceux qui pour lors en étaient les confidents, faisaient naître entre eux de grandes divisions, et les intrigues des particuliers causaient beaucoup de désordres dans leur petite cour.

« Le duc de Larochefoucauld quitta volontiers Bordeaux ; les charmes de Madame de Longueville, qui avaient fait toute sa joie, faisaient alors son désespoir, et le duc de Nemours n'y était pas étranger. Sa passion avait changé de nature : la jalousie occupait entièrement son cœur. » Aussi, après le combat du faubourg Saint-Antoine, où il fut grièvement blessé, le futur auteur des *Maximes,* qui s'était souvent écrié :

Pour mériter son cœur, pour plaire à ses beaux yeux,
J'ai fait la guerre aux rois , je l'aurais faite aux dieux.

parodia-t-il ces deux vers, alors fameux, d'une tragédie oubliée, en écrivant sous un portrait qu'il voulut conserver :

Pour ce cœur inconstant, qu'enfin je connais mieux,
J'ai fait la guerre aux rois, j'en ai perdu les yeux. (*)

Après sa guérison, il devint moraliste. Il médita, dit un écrivain estimé, sur les variétés de la vertu humaine, et se vengea de ses déceptions en ne voyant partout que des chimères. (**)

Le départ du prince de Condé nuisit beaucoup à ses affaires. L'esprit public ne tarda pas à se modifier, et la division à s'y introduire. Les gens qui avaient été entraînés, et le nombre en est grand dans les commencements des séditions et des révoltes, s'effrayaient à bon droit de la disparition

(*) Gourville.
(**) Laurentie.

et de l'absence du héros dont ils avaient
épousé la querelle. Les esprits ardents,
au contraire, et les ambitieux voulaient en
profiter pour leur avancement et leur triomphe; et ces deux partis, désormais ennemis, allaient bientôt trembler devant de
véritables scélérats qui les terrifieraient
l'un et l'autre. C'est l'histoire fatale de toutes les agitations populaires et des révolu-
tions.

Le Parlement avait commencé par s'a-
moindrir et déjà se partageait. Sur une
plainte du prince de Condé que Monsieur
le premier président Dubernet « n'était pas
dans ses intérêts et faisait des cabales
dans la ville, » cette Cour avait envoyé
Messieurs de Raymond et d'Andraut, deux
commissaires tirés de son sein, enjoindre
à ce haut magistrat d'avoir à quitter son

siège sur le champ ; et Monsieur Dubernet, obligé d'obéir, mourait quelques jours
après, à Limoges, de cet exil qui le frap-
pait.

Si, dans le Parlement, il existait deux
partis que le nombre ou l'ardeur des opinions faisait appeler la *grande* et la *petite
Fronde*, la maison du prince de Condé,
d'où venaient cependant la direction et
le commandement, n'était pas dans une
plus complète union. Le prince de Conti,
qui faisait postuler par le roi d'Espagne le
chapeau de cardinal, était souvent brouillé
avec sa sœur par les motifs dont a parlé
Madame de Motteville ; ils ne se réunissaient que pour leurs plaintes et leur jalousie commune contre Lenet et le comte de
Marchin, qu'ils savaient les confidents et
les agents secrets du prince de Condé ; et,

chose singulière, la princesse de Condé, qui avait été si fêtée, si active et si utile, un an auparavant, était comme oubliée et sans autorité!

Les factieux d'entre le peuple, qui prirent le nom d'*Ormistes,* et donnèrent à leur assemblée celui d'*Ormée*, du lieu planté d'ormes où ils se réunissaient, au-devant de l'église Sainte-Eulalie, furent en peu de temps très nombreux, et se rendirent redoutables au Parlement, dont ils méprisaient ou dictaient les arrêts (\*), aux bourgeois, qu'ils rançonnaient en taxant leur fortune, aux Condés eux-mêmes, leurs premiers protecteurs, devenus impuissants à réprimer leur turbulence et leurs excès.

Voilà donc les trois partis qui régnaient

(\*) Ils avaient obtenu l'expulsion de quatorze conseillers qui leur étaient *suspects*. Dans le nombre était le président Pichon.

ou qui, plutôt, se combattaient à Bordeaux.
Le Parlement, dont la majorité penchait
vers les Ormistes, voulut poursuivre Monsieur de Guionnet, l'un de ses membres,
partisan déclaré du prince de Condé, pour
des actes politiques antérieurs auxquels la
compagnie avait généralement adhéré.
Monsieur de Guionnet s'en plaignit au
Prince, qui en écrivit à Lenet, dans les
termes suivants :

« Monsieur de Guionnet m'a fait connaître, par deux de ses lettres, qu'il est fort
poursuivi au Parlement de Bordeaux, par
quelques-uns de sa compagnie, pour des
choses arrivées du temps de sa commission; vous me ferez plaisir de voir de ma
part tous ceux qu'il vous dira, pour leur
témoigner que je leur serai obligé s'ils arrê-
tent le cours des poursuites qu'ils font con-

tre lui. C'est une chose qu'il faut ménager
fort doucement et avec adresse, pour ne
donner à personne aucun sujet de crier, et
néanmoins faire votre possible pour assou-
pir cette affaire, en sorte que le dit sieur de
Guionnet ne puisse plus être inquiété.
C'est ce que je remets à votre prudence et
à votre conduite.

» Louis de Bourbon.

» A Paris, le 19 mai 1652. »

Des troubles ne tardèrent pas à éclater.
L'Ormée s'était rendue de plus en plus maîtresse de Bordeaux, sous la conduite de
cinq ou six meneurs séditieux et de ses
deux principaux chefs, Duretête et Villars.
Duretête, d'une basse origine, procureur
postulant à l'Hôtel-de-Ville, esprit fou-
gueux, fanatique de ce qu'il appelait la li-

berté publique, franc et brutal dans ses opinions comme dans ses crimes ; Villars, gentilhomme de naissance, attaché à la maison du prince de Conti, ambitieux, faux et cupide. Leur puissance crût tellement, que dès que quelqu'un s'opposait à leur volonté, sa maison était pillée, et il courait fortune de sa vie (*).

Ils avaient constitué et composé un tribunal qui s'était fait graver un grand sceau dont ils scellaient en cire rouge tous leurs actes. « Il y avait une Ormée représentée entre deux lauriers, et remplie de cœurs enflammés. Sur les lauriers était une colombe blanche, en forme de Saint Esprit, portant un rameau, et au-dessus était écrit : *Estote prudentes sicut serpentes et simplices sicut columbæ.*

(*) Montglat.

Légende sacrilége!... Quelle *prudence* et
quelle *douceur* que celles qui tenaient Bordeaux sous la terreur, par les menaces, les
violences, le pillage et les assassinats! (*)

Le prince de Condé, que ses amis affidés
instruisaient de l'état de l'opinion publique,
s'en préoccupait vivement et transmettait
à Lenet, dans une correspondance que celui-ci nous a conservée dans ses *Mémoires
inédits* (**), ses inquiétudes, ses conseils
et ses ordres. Nous allons laisser parler
l'un et l'autre; nous espérons ainsi donner
un nouveau jour et un nouvel intérêt aux
affaires de la *Fronde à Bordeaux*, puisque
Condé et Lenet en seront les historiens
eux-mêmes.

(*) Conrart, qui rapporte ce fait, affirme avoir vu plusieurs de
leurs arrêts ainsi scellés, affichés à Paris.

(**) Les *Mémoires inédits* de P. Lenet font partie de la collec-
tion Michaud et Poujoulat.

Voici le rapport qu'on peut dire officiel,
quoique fait au courant de la plume et d'un
style incorrect, d'une des violentes scènes
de l'Ormée, adressé par Lenet au prince
de Condé :

» A Bordeaux, le 10 juin 1652.

» Le bruit continuant toujours ici que
Monsieur le prince de Conti et Madame de
Longueville faisaient mouvoir cette Ormée
avec tant de violence et de chaleur, j'ai
continué à le leur dire ; mais ils ont continué de m'en vouloir désabuser par larmes
et par paroles ; et comme je leur ai toujours
dit que je n'en croyais rien, mais qu'il était
bon que les effets justifiassent là-dessus
leur conduite, Leurs Altesses me promirent
de s'y appliquer ; et, par effet, tout le 6 au
soir, le 7 et le 8 se sont passés en divers
voyages que j'ai faits chez ceux de la grande

et de la petite Fronde, diverses visites que
les uns et les autres ont faites chez Leurs
Altesses, et en plusieurs conférences que
nous avons eues avec eux pour rétablir les
choses en leur premier état et réprimer le
grand emportement de l'Ormée qui s'as-
semblait en séance réglée tous les jours;
qui avaient fait de toutes sortes de charges
parmi ceux qui la composent; qui venaient
tout ce jour par députés; qui parlaient hautement de chasser Monsieur Denort, Fonteneil, dix ou douze conseillers du Parle-
lement et plusieurs bourgeois; qui se
sentaient fortifiés par les huguenots, sur le
sujet de l'arrêt dont je vous ai écrit, qui
voulait régler, disaient-ils, toutes les affaires publiques; enfin, tout s'en allait en de
très grandes extrémités; et quand on leur
parlait de ne rien faire que par ordre de
Votre Altesse, ils disaient qu'elle était en-

vironnée de Mazarins, et qu'ils savaient
bien que vous seriez bien aise quelque jour
de tout ce qu'ils faisaient, et tout cela, par
la conduite de Villars et de Duretête, dont
le dernier est dans un emportement public,
et l'autre, agissant avec une modération
apparente, porte tout aux extrémités; et,
ce qu'il y a de pire, est qu'il joue les deux,
et qu'il fait toujours faire le contraire de
tout ce qu'il concerte, puis vient en témoigner déplaisir en secret, et harangue sédi-
tieusement à la tête de ses confrères en
public.

» On a donc fait, depuis trois jours, toutes
les choses possibles pour porter les esprits
à la réunion dans les Frondes, et ensuite
de pouvoir travailler sérieusement à couper
la racine de ce mal; mais les divers intérêts,
les envies et les haines particulières ont

empêché les uns et les autres d'y agir sin-
cèrement, de sorte qu'on n'en avait point
encore pris les mesures, étant tous dans
une telle méfiance, qu'ils n'osent et ne
veulent parler les uns devant les autres,
de peur d'être exposés au peuple

» Leurs Altesses proposaient, comme un
grand remède, d'assembler l'Hôtel-de-Ville;
mais la crainte que j'avais que toute l'Ormée n'y allât et ne se rendît maîtresse, par
la pluralité des voix, de la délibération,
m'en faisait appréhender le succès, car
après cela, il n'y avait plus de mesures à
garder. C'était aujourd'hui qu'elle devait
faire une grande assemblée en armes, semblable à celle qu'ils firent pour chasser les
quatorze conseillers; et c'était aujourd'hui
même qu'on devait s'assembler au Parlement pour aviser aux moyens de s'y oppo-

ser. Je faisais différer l'un et l'autre, tant que je pouvais, jusqu'à ce que Monsieur de Chavagnac nous eut apporté des ordres précis; car je savais que de là dépendait *la loi et les prophètes*, et que, frappant un coup de volonté absolue, chacun plierait, et qu'il ne resterait plus cette imagination que l'on voulait bien tout ce qui arrivait, quoique Leurs Altesses protestassent toujours du contraire. Enfin, hier, je reçus la dépêche de Votre Altesse, du 2 du courant, dans laquelle il y avait une lettre pour de Villars. Leurs Altesses crurent que les circonstances présentes en devraient peut-être faire changer le style, et me la firent ouvrir. Par effet, il fut fort à propos d'y ajouter une défense positive de s'assembler que par ordre de Monsieur le prince de Conti, comme l'on fit. Les deux Frondes s'assemblèrent à l'Archevêché pour aviser ce que

l'on ferait aujourd'hui, pour se garantir de
ce dont l'Ormée menaçait ; quand elle vint,
par députés, proposer plusieurs officiers,
et, entre autres, se plaindre de ce que le capitaine des gardes de Monsieur le prince de
Conti venait de leur défendre, dans leur
assemblée, d'en faire dorénavant aucune
que par l'ordre de Son Altesse, qui avait
envoyé dans le même moment Monsieur de
Latour, qui fut porter la dite lettre au sieur
de Villars, lequel, tout furieux, cria qu'il
fallait tout pousser aux extrémités, s'assembler en armes le matin, et chasser tous
les suspects, et ceux même que Votre Altesse lui mandait de faire conserver.

» On résolut donc de s'assembler à l'Ormée, aujourd'hui, ce 7 du matin, et en
armes. Le bruit en fut grand par la ville ;
chacun commença à appréhender l'empor-

tement dont ils menaçaient. Monsieur le
le prince de Conti envoya quérir quelques-
uns de la grande Fronde et quelques-uns
de la petite, car la jalousie est si grande
entre eux, qu'il n'y a plus quasi moyen de
les joindre, sans crainte de les voir battre.
Son Altesse manda aussi les jurats et con-
suls de la Bourse et plusieurs bons bourgeois ; elle les mit tous séparément en
présence de Madame de Longueville et de
Monsieur Gondrin, Sarrasin (*) et moi ; et
après avoir concerté tous les moyens d'empêcher tous les maux dont on était menacé

(*) Gondrin et Sarrasin étaient deux secrétaires du prince de
Conti. Sarrasin était poète, et on a de lui, dit Voltaire, quelques
agréables poésies. Il ajoutait à son emploi celui plus lucratif
d'intendant. Plusieurs auteurs contemporains l'accusent, dans
leurs *Mémoires*, d'indiscrétions au sujet de la duchesse de Longueville, qui motivèrent la rupture et le départ de Larochefoucauld, et d'une promesse de vingt mille écus que lui donna Mazarin pour tourner les irrésolutions du prince de Conti du côté de
la paix et de son mariage. Il ne jouit pas longtemps de sa fortune
car il mourut en 1654.

par cette Ormée, et avoir agité les incon-
vénients de part et d'autre, on résolut de se
rendre maître de l'Hôtel-de-Ville, qui, cette
nuit, par malheur, était gardé par un capitaine de l'Ormée, et qu'on disait le devoir
livrer à ses confrères. Le juge de la Bourse
disait toujours que les bons bourgeois
feraient tout ce que Leurs Altesses leur
recommanderaient; Fonteneil et la petite
Fronde avaient une forte cabale dans le
quartier du Chapeau-Rouge, des Chartrons;
et les huguenots, que nous avions cabalés
sous mains, auraient promis de ne rien
faire.

« Son Altesse promit donc audit sieur de
Fonteneil de venir prendre au Chapeau-
Rouge des bourgeois pour les faire entrer
cette nuit dans l'Hôtel-de-Ville. Ceux de
l'Ormée, qui étaient aux aguets, parce

qu'ils savaient qu'on cabalait le bon bourgeois contre eux, faisaient une patrouille,
sans ordre, dans ce quartier-là ; et voyant
à une heure après minuit du monde armé
devant la maison d'un nommé Cornet, y
firent une décharge de cinquante mousque-
tades sans y blesser personne. Ceux du
Chapeau-Rouge, parmi lesquels étaient
Messieurs de Thibault et de Fonteneil,
gagnèrent la maison, et tirèrent si fortement sur ceux de l'Ormée, qu'il y en eût
un de tué et cinq ou six blessés, parmi
lesquels sont Montelet, procureur, et Lafite,
marchand.

» Ce matin, la résolution qu'on prit hier
au soir, conforme en tout le contenu en vos
lettres, de tout pacifier tant qu'on pourra,
a été exécutée en cette manière : Madame
la Princesse, dans sa chaise, Monsieur le

Duc et sa suite, dans son carrosse, le chevalier de Thodias (*), Monsieur de Romenville et moi, d'un côté; Monsieur le prince de Conti, Monsieur de Gondri, le juge de la Bourse (**) et son plein carrosse de gentilshommes, d'un autre côté; et Madame de Longueville, avec Messieurs de Barbezières, de Sarrazin, un consul, d'un autre, ont été par toutes les rues séparément, dès les six heures du matin jusqu'à midi, faisant ouvrir les boutiques, empêchant qu'on ne s'armât pour aller joindre l'Ormée, ordonnant de se tenir en état de faire ce que Leurs Altesses ordonneraient. On avait fait courir diverses copies de la lettre de Votre Altesse à Villars, pour faire savoir sa volonté; Monsieur le prince de Conti et Madame de Longueville disant hautement que c'étaient

(*) Premier jurat.
(**) Il se nommait Truchon.

des esprits malicieux et insolents qui
avaient fait courir le bruit que Leurs
Altesses avaient favorisé toutes ces assemblées et les désavouant. Et tout cela a
réussi si avantageusement, que tous les
bons bourgeois ont juré, partout où l'on a
été, de n'avoir jamais de pensée que celle
de Votre Altesse. Leurs Altesses y ont
apporté tous leurs soins, et assurément y
ont été de fort bon pied. Quelques-uns ont
demandé justice du désordre de cette nuit;
on leur a promis de le connaître et de la leur
rendre. Et de toute cette grande assemblée
de l'Ormée, il n'y a eu que cinquante ou
soixante hommes, Durctête faisant le dia-
ble pour animer tout à la révolte. Ils
avaient mis des sentinelles, pour empêcher
qu'en abordant, on ne connût leur faible.

» Pendant ce temps-là, Villars est allé

trouver Madame de Longueville, lui a dit
qu'il y avait quatre mille hommes armés
pour venger la mort de leurs confrères et
brûler toute la ville, à la réserve des maisons de Leurs Altesses. Elle l'a traité d'in-
solent et l'a fait sortir.... Monsieur le prince
de Conti dit qu'il répond entièrement de
Bordeaux et rit de tous les sots qui ont
crû (voilà comment il parle), qu'il eût favorisé tout ce qui s'est fait jusqu'à présent.

» Monsieur de Chavagnac vient du couvent des Carmes, où ayant fort bien et judi-
cieusement parlé, se réduit à deux choses
principales : l'une, la réconciliation avec
le Parlement, et l'autre, la cessation des
assemblées qui ne seraient pas autorisées
par Son Altesse de Conti. Quant au premier,
ils ont répondu que cela ne se pouvait;
qu'ils étaient leurs ennemis; que s'ils

avaient le dessus, ils les perdraient, et voulaient avoir une évocation générale de leur cause. Quant au second, ils ne pouvaient s'imaginer qu'est-ce qu'ils avaient fait, depuis huit jours, qui eût obligé Monsieur le prince de Conti de leur défendre de s'assembler, eux auxquels il l'avait permis. Ils ont demandé justice à Monsieur de Chavagnac de leurs confrères tués et blessés. L'ambassadeur a répondu fortement sur tous ces points; et, comme Monsieur de Riconte en a ouï la relation complète, il me dispensera de faire la mienne plus longue...

» LENET. »

Chaque jour amenait à Bordeaux de nouvelles violences. La fureur de l'Ormée allait croissant et s'exerçait avec la plus féroce ardeur contre les personnes et les

propriétés. L'autorité était impuissante ou
complice. On ressent un pénible regret de
trouver cette complicité dans les correspon-
dances que Lenet nous a conservées. En
voici plusieurs fragments qui font juger de
l'état des esprits dans une ville rebelle, en
proie à l'anarchie, et qui prouvent une fois
de plus tout ce qu'une fausse politique
peut causer de malheurs.

« A M. LE PRINCE DE CONTI, à Bordeaux.

» Vous croyez bien que c'est avec un extrême déplaisir que j'ai appris les derniers
emportements des bourgeois de Bordeaux,
les uns contre les autres, et que c'est une
des choses du monde qui me donne le plus
d'inquiétude. Il faut promptement y pourvoir de façon ou d'autre; et si par négociation et par adresse, ou autrement, on ne

peut obliger l'Ormée à se contenir, il vaut
mieux se mettre de son côté que de la voir
chasser de Bordeaux. C'est néanmoins le
parti qu'il ne faut prendre qu'à l'extrémité.
Mais dans l'état présent des choses, je n'en
vois point d'autre à suivre, après que tous
les moyens qui se pourront inventer pour
apaiser la furie de l'Ormée auront été
employés. Priez tout ce que j'ai d'amis à
Bordeaux de tenter toutes voies possibles,
avant que vous en veniez là, et continuez
d'y agir avec la même vigueur que vous
avez fait jusques ici.

» Je vous ai écrit touchant les nouveaux
jurats, j'attends sur cela de vos nouvelles.

» LOUIS DE BOURBON.

» De Paris, le 3 juillet 1652. »

« A Monsieur Lenet, Conseiller, etc.

» J'ai reçu votre lettre du 8 du courant, et vu ce qu'elle contient, avec beaucoup de satisfaction, par le bon ordre que vous apportez à toutes choses, et par le rapport qu'il y a de vos sentiments aux miens, touchant l'Ormée et tout le reste des autres affaires dont vous m'écrivez, vous assurant que je persiste toujours dans la pensée de nous joindre à tous ceux de l'Ormée, puisque ce parti se trouve de beaucoup plus fort que l'autre, et que l'on n'a pu le réduire ni par adresse, ni par autorité, ce que je crois qu'il vaut mieux faire que de hasarder à perdre Bordeaux, en faisant autrement.

» Quant aux jurats, mon avis est qu'on les fasse de ceux qui sont dans les intérêts de l'Ormée, pour nous acquérir tout-à-fait ces gens-là, pour arrêter leur fougue. Après quoi, les mêmes jurats, étant obligés de maintenir l'autorité de la magistrature, ils travailleront eux-mêmes, avec le temps, à la destruction de l'Ormée; c'est ce qu'il faut que vous expliquiez à Monsieur de Mirat et à mes autres amis, leur donnant assurance que tout le plus tôt qu'il se pourra, je travaillerai au rétablissement de leur autorité.

» Je vous envoie des lettres que vous m'avez demandées pour quelques-uns de l'Ormée; vous les remplirez des noms que vous jugerez à propos.....

» LOUIS DE BOURBON.

« A Paris, le 12 juillet 1652. »

« A Monsieur Lenet, etc.

» J'ai encore à vous dire...... que quand vous aurez à faire passer quelque chose au Parlement ou à la Maison de ville, il faut en user comme je faisais l'année passée; c'est-à-dire, tenir un petit conseil ou chez ma femme, ou chez mon frère, dans lequel on proposera toutes les affaires que l'on voudra faire résoudre, et y appeler les mêmes personnes que je faisais, qui est le seul moyen de tout obtenir d'eux et d'être assuré des choses que l'on désire.....

» Je souhaiterais fort que l'on pût trouver moyen de faire exercer à Villars la charge de clerc de ville. Il faut pourtant le prier de ma part de prendre pour cela une conjoncture si favorable, que cela n'excite aucun bruit dans la ville, parce que ce qu'il n'aura

pas en son temps, il l'aura en l'autre.....
( 29 août. )

» Pour le regard du château du Hâ, té-
moignez à ces Messieurs de l'Ormée que je
suis bien aise de la résolution qu'ils ont
prise de le raser, et que c'est une chose
que je désirais, il y a fort longtemps, pour
leur satisfaction. Ce que je crains, c'est
que cela ne serve de prétexte pour raser
Montron (*), qui serait une chose fâcheuse.
Le procédé m'oblige encore de vous dire
qu'il vous faut bien prendre garde à ménager les esprits et de vous ranger toujours
du côté des plus forts, en attendant l'occasion de pouvoir y apporter d'autres remè-
des ; cependant je crois qu'il n'est pas mal
à propos d'enseigner à ma femme quelque
autorité.

(*) Château fortifié appartenant au prince de Condé

» Si vous pouvez m'envoyer de l'argent de celui que vous avez reçu, vous me ferez bien du plaisir, en ayant ici un extrême besoin.

» Louis de Bourbon.

» Du camp de Grosbois, le 8 septembre 1652. »

La fin de l'année fut pleine des plus grands désordres. Lenet en rendait compte au prince de Condé, et quoique ses amis de Paris lui reprochassent de ne pas tout dire de ces affaires, « il avouait au Prince que le fardeau était bien rude, et confessait qu'il en était accablé. » Il était en dissidence complète avec le prince de Conti et la duchesse de Longueville, qui s'étaient plaints de lui au prince de Condé. L'énergique persévérance de celui-ci à conserver Bordeaux « à quelque prix que ce fut », le dévouement sans bornes de Lenet à ses ordres secrets, le peu de subordination, par suite, dont il pouvait être accusé, l'indécision du prince de Conti, qui le rendait peu propre à la conduite des affaires, la hautaine domination de sa sœur, et des intrigues subalternes, étaient les causes inavouables de cette haine et de ces dissensions.

Les Ormistes continuaient à être les maîtres; le Parlement se débattait, et les jurats, quoique pris dans l'Ormée, étaient sans force et sans autorité.

Cependant la lassitude gagnait beaucoup d'esprits, et peu à peu l'opposition se faisait jour. Des placards sanglants s'affichaient, pendant la nuit, contre le prince de Conti et la duchesse de Longueville. On

les brûlait par la main du bourreau ; mais
ils reparaissaient plus insolents et plus
cruels.

Des placards séditieux aux conspirations,
l'intervalle est bientôt franchi ; aussi, s'en
forma-t-il une dans le dessein de faire sou-
lever la ville ; elle fut découverte et dénon-
cée par Villars. On y trouva impliqués un
grand nombre de bourgeois et quelques
membres du Parlement. Monsieur le conseiller de Marriot en était le principal auteur. Elle fut sur le champ évoquée par
les magistrats de la *grande Fronde* :
« Messieurs de Massip, de Mestivier, de
Trancas, de Lachaise, de Nemond et quelques autres, poussèrent la chose vertement,
en disant que la conspiration n'était que
trop véritable. Ayant été emballés pour
cela, toute la petite Fronde leur insultèrent ;

enfin, après de grandes chaleurs de part
et d'autre, Marriot nia fortement qu'il y
eût eu aucun dessein contre les Princes;
mais que véritablement il avait travaillé à
faire une partie pour se saisir de l'Hôtel-
de-Ville et se défaire des chefs de l'Ormée,
pour l'abattre; qu'il l'avouait, le tenait à
honneur et le ferait savoir au Roi. » C'était
noblement et courageusement parler.

Ce complot déjoué, Monsieur de Marriot
fut retenu prisonnier, et plusieurs personnes furent exilées.

» Si Votre Altesse me demande ce que j'en
crois, écrit Lenet au prince de Condé, je
lui dirai qu'il est très constant qu'on avait,
par cabale de Messieurs du Parlement,
jeté plusieurs gros bourgeois dans l'Ormée
pour la ruiner, et qu'ensuite on avait pris

les mesures pour rendre au Parlement une autorité tout entière, en se saisissant de l'Hôtel-de-Ville et se défaisant de Duretête, Villars, Guiraud, Croizillac et Armand; les avocats, procureurs, officiers, trésoriers, Guionnet, secrétaire, et tous ces faiseurs de complots : il y en avait deux classes, l'une de Mazarins, qui eussent été d'avis d'arrêter les Princes et nous tous, pour faire le lendemain la paix; l'autre de la petite Fronde, qui ont voulu abattre l'Ormée, s'impatroniser de l'autorité, et faire dépendre Votre Altesse d'eux et tout le parti de Guienne, et soutenir pourtant nos intérêts, *secundum quid*, et ceux-là assurément ne songèrent pas à arrêter Leurs Altesses. »

Condé recevait dans son camp les nouvelles de ces divisions, dont il témoignait à

Lenet sa surprise et ses regrets. Il donnait
des ordres extrêmes de répression : il voulait qu'on chassât « les mal intentionnés , »
et que l'on empêchât le retour de ceux qu'on
avait fait sortir ; qu'on se saisît de Cadillac,
et que le prince de Conti s'occupât, sans
délai, de confiscations ; toutes mesures que
sa personne seule eût pu tenter, car ni Lenet, ni Marchin , ni Conti ne pouvaient, en
ce temps , y prétendre.

Les affaires de la Guienne étaient tom-
bées dans le plus triste état. Le traité avec
l'Espagne ne s'était jamais fidèlement exécuté dans la partie essentielle des sommes
à payer. Monsieur de Watteville , qui occupait Bourg , « place fortifiée de bonne défense , » avait renvoyé sa flotte à Saint-
Sébastien , sous prétexte de l'hivernage ; on
craignait qu'elle ne reparût pas au prin-

temps et qu'elle ne fût, au contraire, tôt ou tard remplacée par les vaisseaux du Roi.

Les royalistes du Parlement avaient quitté Bordeaux et formaient une chambre de justice qui siégeait à Agen ; le reste donnait des arrêts, où le droit disparaissait sous les passions de l'Ormée ; enfin, la population était appauvrie, menacée de la disette, et son attachement à la Fronde s'éteignait par l'illusion perdue et par le repentir.

Tout ce qu'on pût faire pour relever les espérances dans ce découragement qui gagnait les esprits, fut d'envoyer des députés à Londres solliciter l'alliance et les secours de Cromwel. Le temps ne leur permit pas de remplir leur mandat ; mais il est douteux que Cromwel se fût rencontré moins soucieux du royaume de France que de la république de Bordeaux. Ce pouvoir est peu connu ; qu'il soit permis de le transcrire :

« Nous, Armand de Bourbon, prince de Conti, prince du sang, pair de France, gouverneur et lieutenant général de Champagne et de Brie, tant de notre part que de celle de Monsieur le Prince, Monsieur notre frère, premier prince du sang, premier pair et grand-maître de France, gouverneur et lieutenant général de Guienne et de Berry, tous deux chefs et protecteurs, en l'absence de l'un et de l'autre, de la ville, filleules et pays adjacents de Bordeaux, avec Monsieur le comte de Marchin, capitaine général, et de Lenet, conseiller d'Etat ordinaire et plénipotentiaire de mondit sieur et frère ;

» Comme aussi, nous, les sieurs chevalier de Thodias, du Bourgelieu, d'Arche-
baut; Robert et Vrignon, jurats, et le sieur
de Laperrière, major; Truchon, juge de la
Bourse; Dupuys, Bonnet, Tustal, gentilshommes; Thurier, Duretête, de Villars,
Cactroy, Croïsillac, Castaing, Guiraut,
Thodin, Barbarin et Landais, tous bourgeois, commis par ladite ville, filleules et
commune de Bordeaux, en vertu de l'union
que nous avons faite avec Leurs Altesses et
sous leur autorité, avons donné et donnons,
par ces présentes, plein pouvoir aux sieurs
de Trancas, conseiller au Parlement et
bourgeois de Bordeaux; de Blarut et De-
zert, aussi bourgeois de Bordeaux, de s'a-
cheminer à Londres; et là, conjointement
avec les sieurs marquis de Cugnac et de
Barrère, y résidant de la part de mondit
sieur le Prince, faire tous traités, associa-

tions et alliances avec Messieurs du Parlement de la république d'Angleterre, pour obtenir d'eux des secours nécessaires d'hommes, de vaisseaux et d'argent, pour la manutention de Bordeaux, de la province de Guienne et le rétablissement de leurs anciens priviléges, à telles conditions qu'ils jugeront à propos, promettant avoir tout ce qu'ils géreront et négocieront pour agréable, et de le ratifier et approuver, comme dès à présent nous l'approuvons et ratifions, comme s'il avait été fait par nous-mêmes. En foi de quoi nous avons signé ces présentes, à Bordeaux, le quatrième d'avril mil six cent cinquante-trois.

ARMAND DE BOURBON.

JEAN-FERDINAND DE MARCHIN; chevalier DE THODIAS, *premier jurat;* LENET, *plénipotentiaire de Son Altesse sérénissime Monseigneur le Prince;* LAPERRIÈRE, *major de la ville de Bordeaux.*

» Et avec lui, les dix-huit bourgeois ci-
dessus nommés. »

La Fronde était vaincue à Paris. Louis
XIV venait de rentrer dans sa capitale, et
Mazarin, de son habile et long exil, n'avait
pas tardé à y être appelé. Il fut reçu comme
un libérateur. Les cris de *vive le Roi* et
*vive Mazarin* lui firent oublier les quolibets
et les « pasquins » au bruit desquels il s'é-
tait éloigné. Si quelques gentilshommes
turbulents le voyaient avec regret, le plus
grand nombre s'empressait près de lui et
s'attachait à sa personne. L'opposition n'é-
tait plus que légère, railleuse et confi-
dentielle. « Mazarin arriva, lundi dernier,
(3 février 1653), écrivait Monsieur de Ma-
rigny à Lenet. Le Roi alla au-devant de lui
et l'embrassa fort étroitement. Ce cardinal
qui a rapporté des moustaches qui lui mon-

tent jusqu'aux oreilles, gracieusa tous ceux qui étaient allés à sa rencontre... Le seigneur est fier ; il croit avoir fait la plus belle campagne que l'on ait jamais faite, et avoir effacé le lustre de Monsieur le Prince. Il l'a tâté en gros, dit-il ; s'il le pouvait tâter en détail, *il loui ferait bien voir dou pays.* »

Le premier soin de Mazarin fut, en effet, de s'occuper du prince de Condé et du soulèvement de la Guienne, qu'il voulait réprimer, pour rendre la province entre les mains du Roi. Cette affaire se ressentit bientôt de son influence et de sa direction.

Bordeaux devait être serré et attaqué au besoin par une flotte que commandait le duc de Vendôme et par une armée de terre dont le duc de Candale était le général. Ces préparatifs, que Bordeaux connaissait, en-

hardissaient les habitants lassés de tyrannie, et rendaient malheureusement plus furieux les derniers moments de l'Ormée.

Lenet n'a rien laissé sur les évènements
qui ont précédé son départ; ils sont pleins
de l'atrocité des uns, comme du courage
et du dévouement des autres. Pour les
connaître, il faut avoir recours aux *Mémoires du Père Berthod,* l'un des agents les
plus actifs et les plus heureux du cardinal
Mazarin. Un extrait spirituel et fidèle en a
été fait par M. Henry Ribadieu, dans son
ouvrage des *Négociateurs Bordelais,* qui a
paru naguère. Je n'ai pas la témérité de le
refaire, quelque intérêt de plus qu'il put
donner à mon récit.

Je me borne à mentionner, à titre de
sommaire : Le complot du père Ithier, su-

périeur du couvent des Cordeliers, avec le
père Berthod, la supérieure des Carmélites,
une de ses religieuses, sœur de Villars,
et Villars lui-même, qui les avait trompés
« par ses soupirs et ses fréquentes commu-
nions, » et qui le dénonça pour quinze mille
livres, la veille de son exécution ; — les
sincères aveux du père Ithier, arrêté chez
Madame de Longueville, et interrogé par
le prince de Conti, Monsieur de Marchin
et Lenet; — son emprisonnement et ses
souffrances; la question appliquée à un de
ses parents septuagénaire, et le péril heu-
reusement évité par le père Berthod; — le
zèle et le dévouement de plusieurs habitants et de Madame de Boucaut, de Mademoiselle de Lur et de Madame de Char-
tran, hôtesse de Berthod, qui furent tour à
tour arrêtés, et ne se sauvèrent qu'à prix
d'argent.

Outre la présence du Père Berthod et son action de plus en plus efficace sur les esprits bordelais, l'habileté de Mazarin avait un agent tout spécial auprès du prince de Conti ; c'était Gourville, cet *homme d'esprit et d'expédient,* qui s'était retiré des affaires de la Fronde. Il était parti de Paris avec des lettres de créance pour le duc de Candale. Il motiva sa présence à Bordeaux par l'ordre de retirer les meubles que Monsieur de Larochefoucauld y avait laissés ; et vit, dans une conférence secrète, Marchin et Lenet, ses amis, qui lui avouèrent leurs embarras et l'inquiétude dans laquelle ils étaient ; mais qui ressentirent une joie extrême, quand il s'ouvrit à eux et montra ses pouvoirs.

Il leva avec dextérité, soit avec eux-mêmes, soit surtout avec le prince de

Conti, las de son rôle et impatient d'en sortir, les difficultés de la négociation qui fut signée en peu de temps.

« Amnistie générale serait promise pour tous ceux qui avaient suivi le parti de Monsieur le Prince.

» Deux mille cinq cents hommes des forces de Condé, seraient conduits par étapes à Stenay, où se trouvait le Prince.

» La princesse de Condé et son fils, Marchin et Lenet, auraient la liberté d'aller en Flandres trouver Monsieur le Prince, avec tous leurs domestiques.

» Monsieur le prince de Conti pourrait faire son séjour à Pézenas, et Madame de Longueville habiter sa maison de Montreuil-Belley, en Anjou (*). »

(*) *Mémoires de Gourville.*

Ce traité, que la politique fit d'abord tenir secret, fut approuvé par Mazarin, qui excepta de l'amnistie Duretête et quelques autres. Gourville le fit admettre, à son retour, sans la moindre difficulté.

Durant ces préliminaires, la flotte de Vendôme était entrée dans la Gironde, et le duc de Candale se rapprochait de Bordeaux. Bourg, que tenaient les Espagnols, n'avait pu se défendre des deux forces combinées. D'autres places de la province se rendaient ou déclaraient leur neutralité. Il ne restait aux Frondeurs que deux villes : Périgueux, qui fut le dernier attaqué, et Bordeaux, menacé et resserré entre Lormont et Bègles. Mais les Ormistes, loin de s'y faire craindre et d'y faire trembler, étaient à leur tour poursuivis par les bourgeois et la jeunesse ardente de la ville. L'inclination du peuple

à la paix était si forte, que tous efforts contraires étaient vains, dit Monglat. « Toute
la populace avait quitté le vert, marque de
rébellion, pour prendre le blanc; et une
écharpe bleue n'osait plus paraître en sûreté dans la ville. »

Bordeaux négociait de son côté avec le
duc de Vendôme. Une dernière assemblée
de bourgeois fut tenue à la Bourse. Elle
révoqua les pouvoirs donnés aux députés
d'Angleterre et résolut la paix. On en sortit
aux cris de : *Vive le Roi!* pour se rendre au
château de Lormont; où elle fut signée.

C'en était fait de la cause du prince de
Condé dans la Guienne; aucun des siens
ne devait y demeurer. La princesse et le
duc d'Enghien, qu'accompagnaient le comte
de Marchin et Lenet, allèrent vers Lesparre

s'embarquer pour les Pays-Bas. Le prince
de Conti et la duchesse de Longueville se
retirèrent chacun au lieu fixé par le traité.
Balthasard, qui avait fait son accommode-
ment particulier avec le duc de Candale,
eut de grands avantages et conserva ses
titres et ses honneurs.

Le 3 août, les ducs de Vendôme et de
Candale firent leur entrée dans la ville.
Un *Te Deum* solennel et un discours du
Père Ithier, qu'on fit sortir de prison pour
officier, en rendirent grâces à Dieu, dans
l'église Saint-André. On procéda à l'élec-
tion de nouveaux jurats, en remplacement
des anciens, qui furent déposés. On expulsa
les plus séditieux des Ormistes. Duretête,
seul, perdit la vie; son corps divisé
demeura quelque temps exposé en divers
quartiers de la ville. — Cent quarante ans

plus tard, en des jours plus néfastes, le corps du décapité Lacombe était traîné dans les rues par un peuple en délire, et jeté, tout mutilé, dans un égout du Pavé des Chartrons. — Villars fut grâcié, sous la puissante recommandation du prince de Conti, neveu futur de Mazarin.

Le Parlement ne put échapper à une proscription qui lui parut sévère; il fut exilé à La Réole, où il siégea pendant un an. Mais Bordeaux garda ses priviléges, au nombre desquels étaient le gouvernement et l'administration de la cité et de sa banlieue, et se remit avec bonheur sous le sceptre protecteur et bienfaisant du Roi (*).

(*) Bordeaux, malgré toutes ses révoltes, obtint toujours de la bienveillance et de la magnanimité des Rois, la conservation et le renouvellement de ses franchises; comme si les franchises et les libertés eussent été, dans tous les temps, inhérentes à la monarchie. On sait que le Maire et les Jurats, revêtus de leurs costumes, avaient, au Parlement, le premier rang au banc des nobles;

Les peuples abusés qui sortent violem-
ment des lois de leur constitution fonda-
mentale et naturelle, mais que Dieu pro-
tége et qu'il veut avertir, se jettent, pour
un temps, dans les malheurs d'une fausse

qu'ils avaient la justice politique et criminelle dans la Ville, et
toute justice civile, criminelle ou politique dans les banlieues et
juridictions domaniales ; qu'en un mot, ils gouvernaient et admi-
nistraient Les bourgeois jouissaient de nombreux et grands priviléges quant à leurs personnes et à leurs biens ; aussi était-ce un
honneur à la fois et un avantage d'en avoir le titre. Lenet y fut
appelé. Il nous a conservé la lettre patente de sa nomination, que
lui adressa Fonteneil : il nous paraît intéressant de la donner ici :
« Les maire et jurats, gouverneurs de la ville et cité de Bourdeaux, à tous ceux qui ces présentes verront et oiront, salut.
Sçavoir faisons que nous, dhument certains et informés des prud-
'homie, qualités de honorable personne messire Pierre Lenet,
chevalier, baron de Vantous, seigneur de Villot et Dunaux, conseiller ordinaire du Roi en ses conseils d'Estat et privé, et direction de ses finances, pour estre ressu bourgeois en la ville : à ces
causes et autres bonnes et justes considérations à ce nous mou-
vant, avons receu et ressevons par cesdites présentes, ledit sieur
Lenet, bourgeois de ladite ville et citté de Bourdeaux, pour d'i-
celle bourgeoisie, droicts, priviléges, authoritez, libertez, exemptions, franchises, prééminences et prérogatives y dues et appartenant, jouir par ledit sieur Lenet, ses hoirs et successeurs à l'advenir, tout ainsy et en la mesme forme et manière que les austres
bourgeois de ladite ville y ont accoustumé et doibvent jouir : conditions expresses qu'il n'advoucra, par fraude, aulcunes marchan-
dises luy appartenir pour faire perdre les droits du Roi et de la
ville ; qu'il ne fera couvenir aulcunes personnes pardevant autres

et sauvage liberté, ou subissent le joug
d'une dégradante servitude. Cette alterna-
tive fatale ne disparaît que lorsque, selon
Rousseau, l'invincible nature a repris son
empire.

juges que nous et nos successeurs, maire et jurats de ladite ville,
ez causes dont la cognoissance y appartiendra, et gardera en son
pouvoir les statuts de ladite ville, sans y contrevenir, à peine de
privation de ladite bourgeoisie ; lequel sieur Lenet nous a fait et
prêté le serment au cas requis et accoutumé. Sy donnons en man-
dement à tous nos justiciers et officiers, prions *ceux du Roy*
qu'iceluy messire Pierre Lenet laissent, souffrent et permettent
plainement et paisiblement jouir de ladite bourgeoisie, sesdits
hoirs et successeurs à l'advenir, droicts, priviléges, authoritez.
libertez, exemptions, franchises, prééminances et prérogatives
susdits, sans luy faire ne souffrir luy estre donné aulcuns empes-
chemens au contraire. Donné à Bourdeaux, en jurade; sous le
seing de M. de Fonteneil, jurat commis ez absence du clerc ordinaire de la ville et seel des armes de la ville, le vingt-huictiesme
septembre mil six cent cinquante.

» *Signé* DE FONTENEIL, jurat-commis.

# FIN.